全国中等职业技术学校汽车类专业教材

汽车电工识图（第三版）习题册

中国劳动社会保障出版社

图书在版编目(CIP)数据

汽车电工识图（第3版）习题册/王希波，张伟主编．—北京：中国劳动社会保障出版社，2013

全国中等职业技术学校汽车类专业教材

ISBN 978-7-5167-0326-7

Ⅰ.①汽… Ⅱ.①王…②张… Ⅲ.①汽车-电路图-识别-中等专业学校-习题集 Ⅳ.①U463.62-44

中国版本图书馆CIP数据核字(2013)第083866号

中国劳动社会保障出版社出版发行

（北京市惠新东街1号 邮政编码:100029）

出 版 人:张梦欣

*

郑州市运通印刷有限公司印刷装订 新华书店经销

787毫米×1092毫米 16开本 10.5印张 218千字

2013年5月第1版 2022年12月第12次印刷

定价:18.00元

营销中心电话：400-606-6496

出版社网址：http://www.class.com.cn

http://jg.class.com.cn

目　录

第一章　投影制图基础知识

§1—1　绘图工具和制图基本规定

1. 在右侧按照1:1的比例抄画左侧的图形

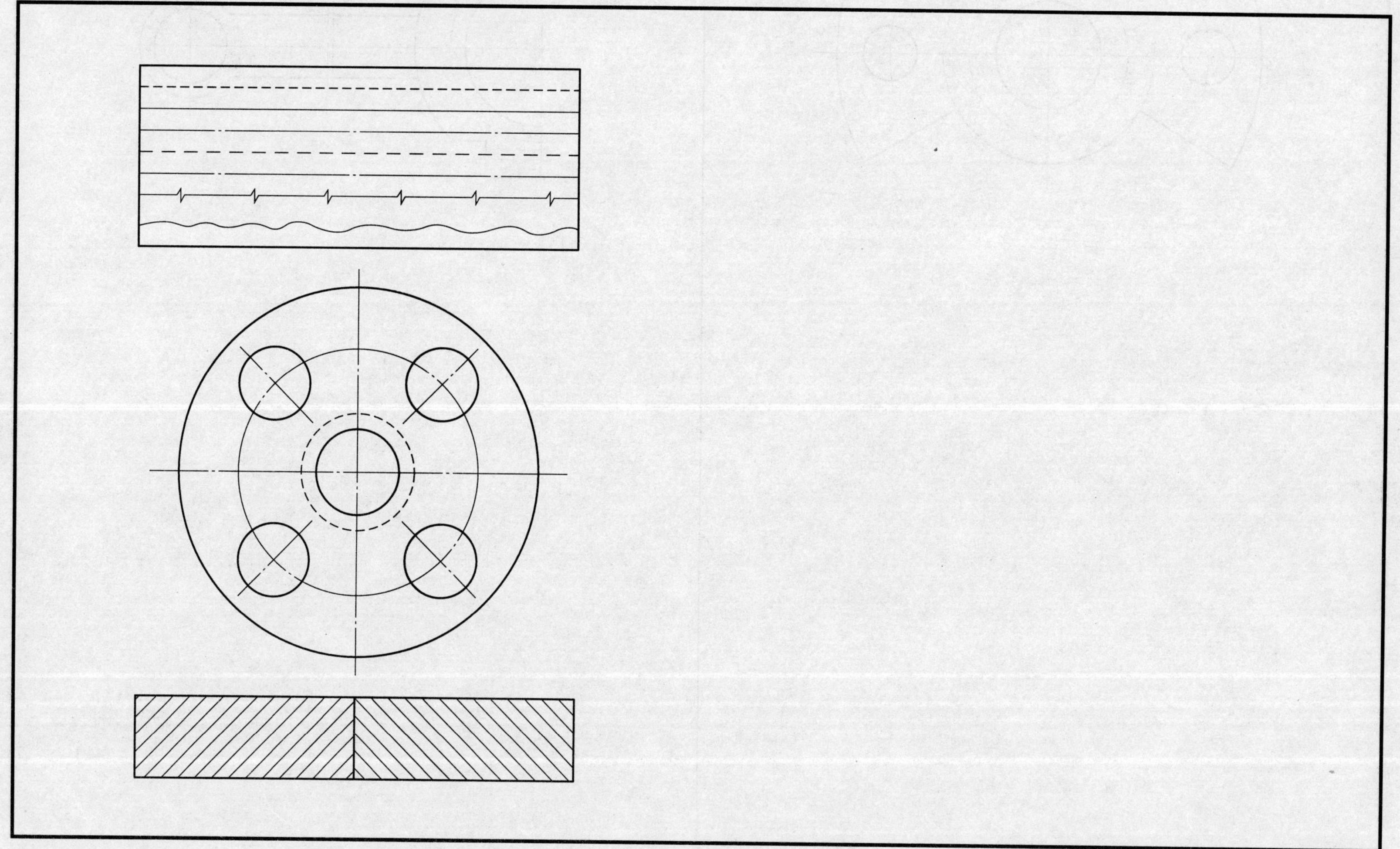

2. 在下方按照 1:1 的比例抄画平面图形

（1）

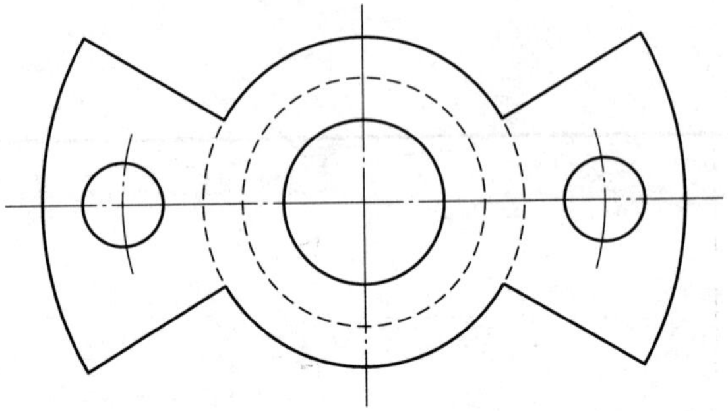

（2）

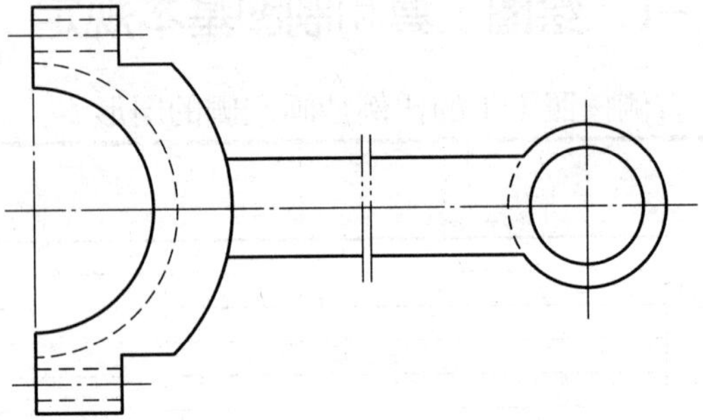

班级　　　　学号　　　　姓名

3. 标注尺寸（尺寸从图中量取，取整数）

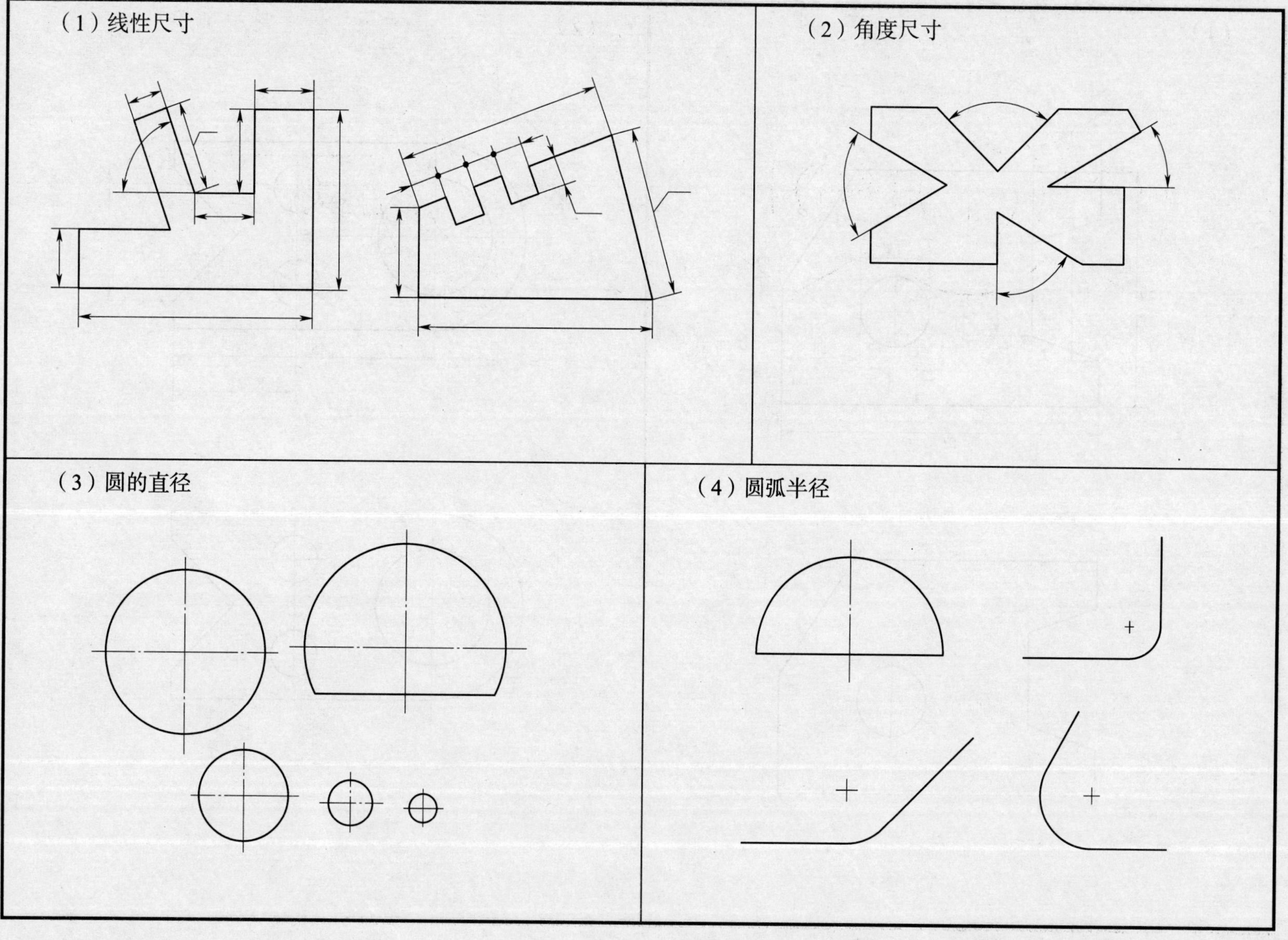

4. 指出图中尺寸标注的错误，并在下图中正确地标注尺寸

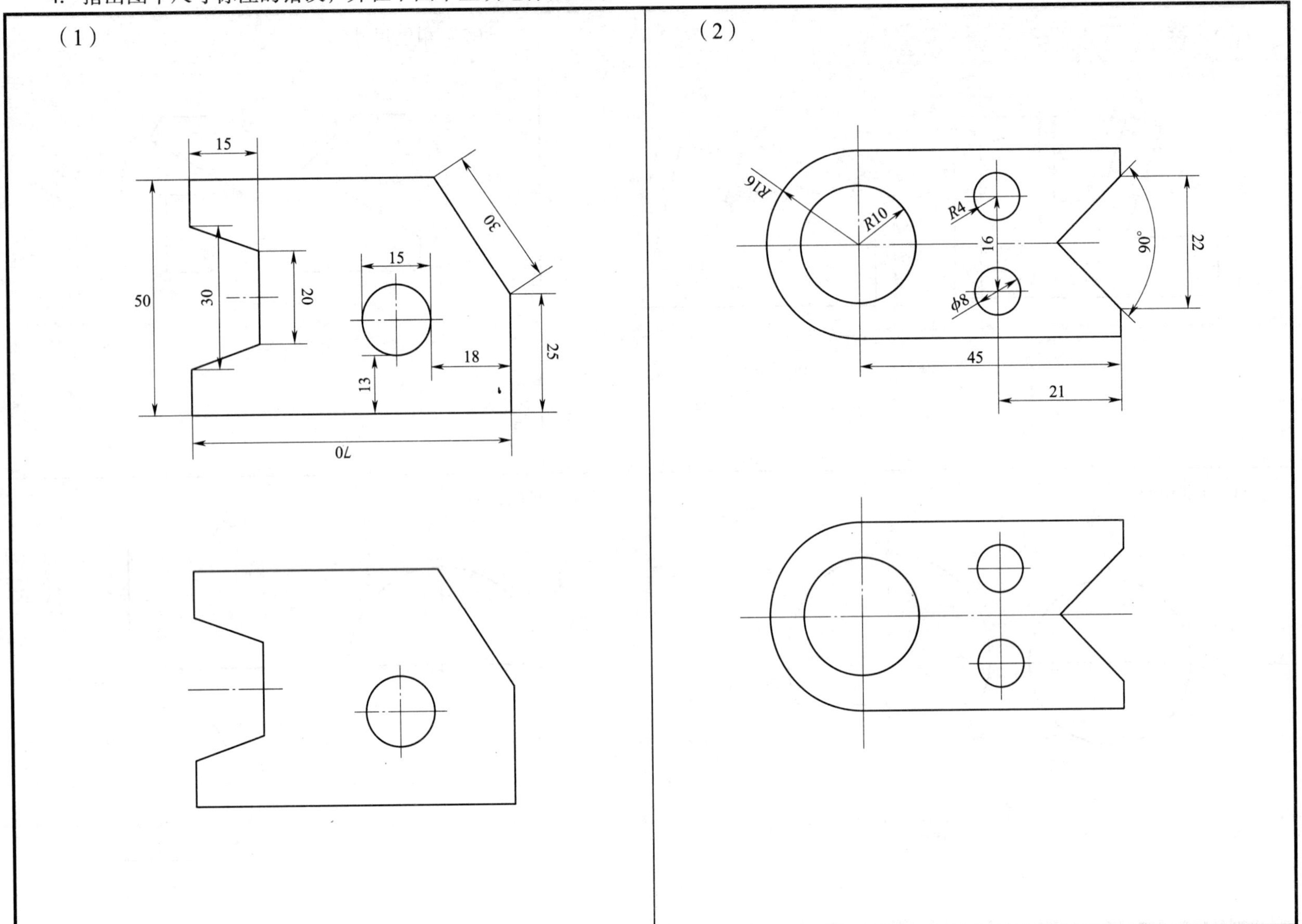

 班级 学号 姓名

§1—2 三视图

1. 根据立体图和主视图绘制俯视图及左视图

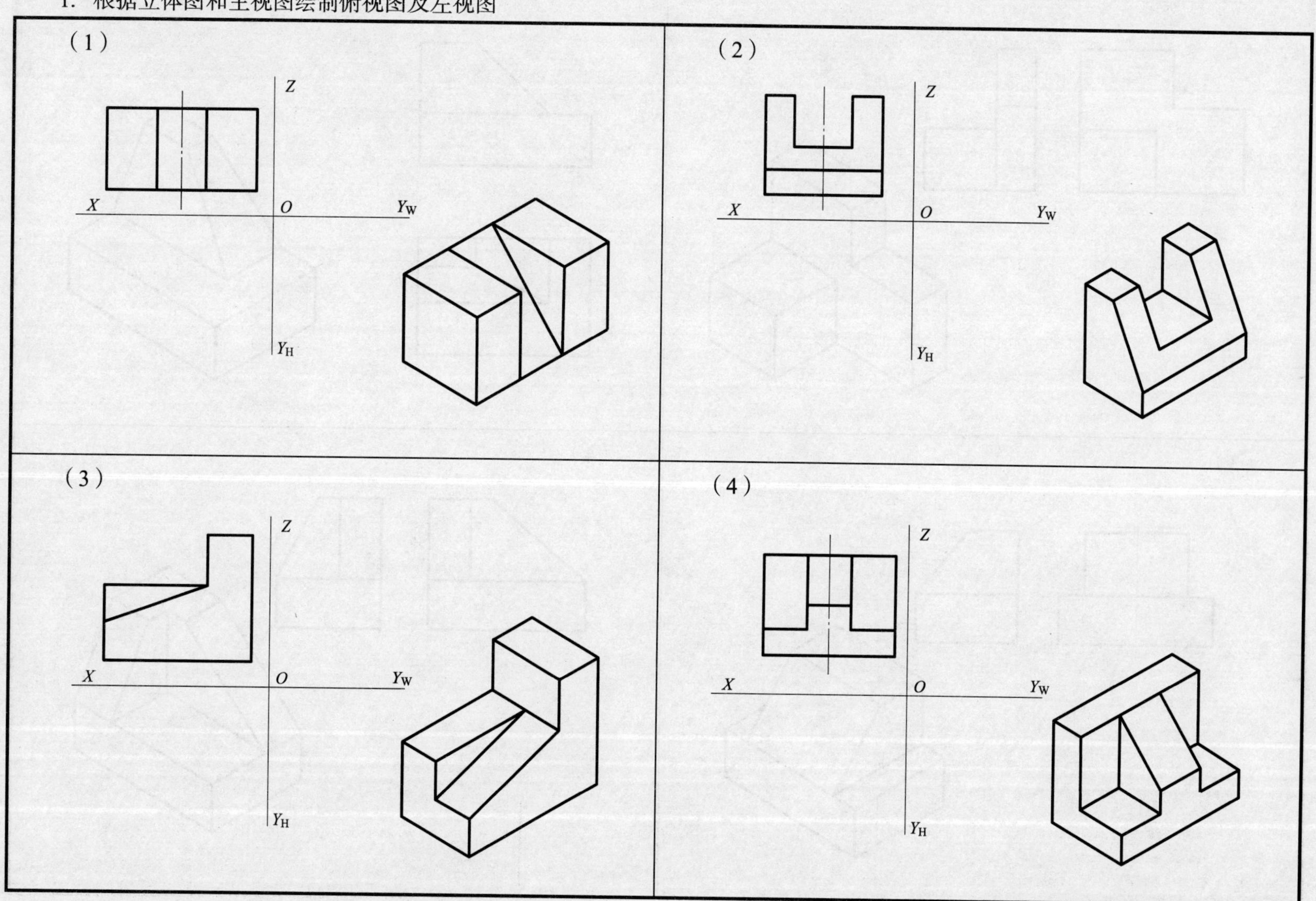

班级　　学号　　姓名

2. 参照立体图，根据两视图补画第三视图

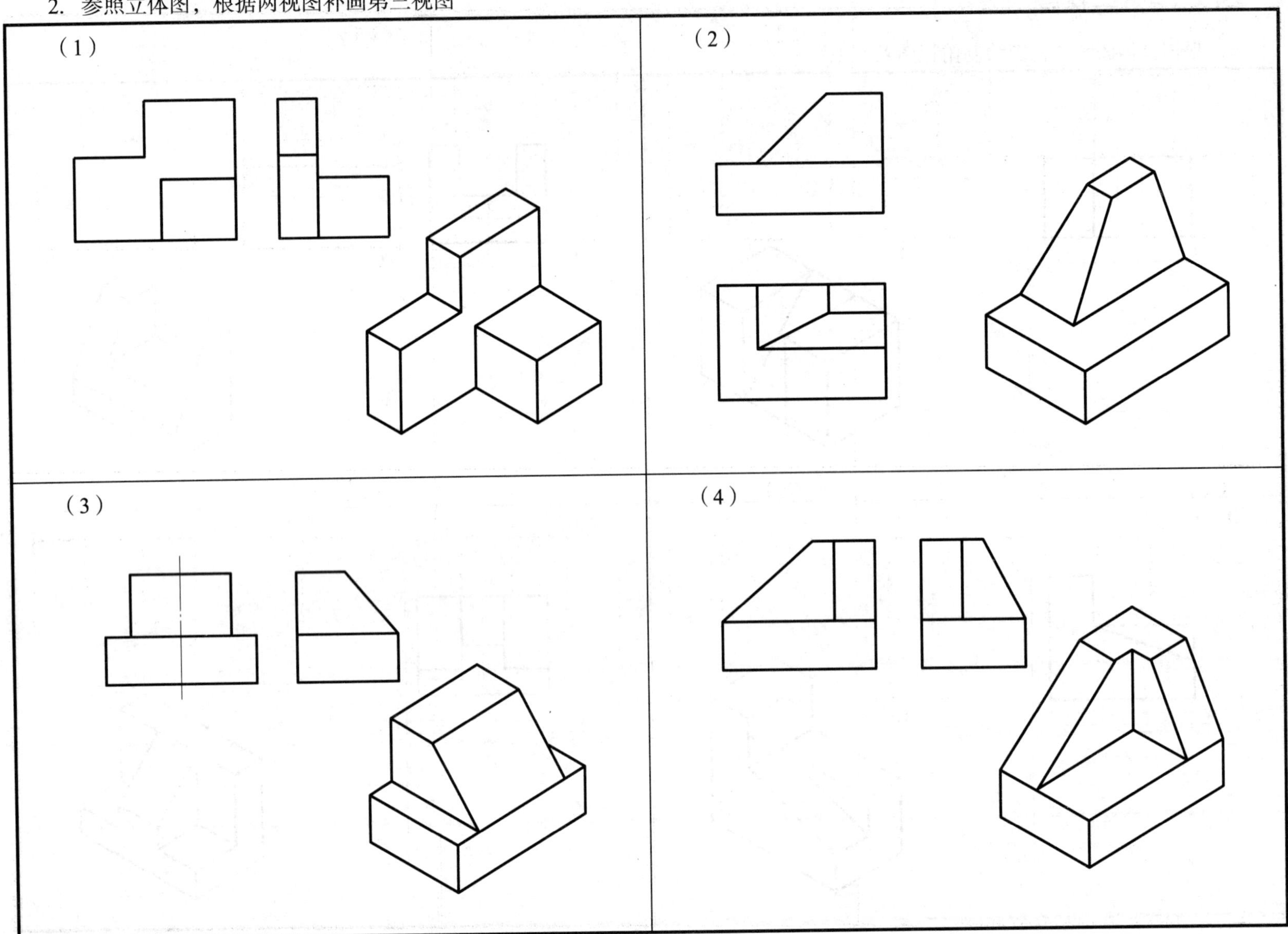

 班级 学号 姓名

3. 根据两视图补画第三视图

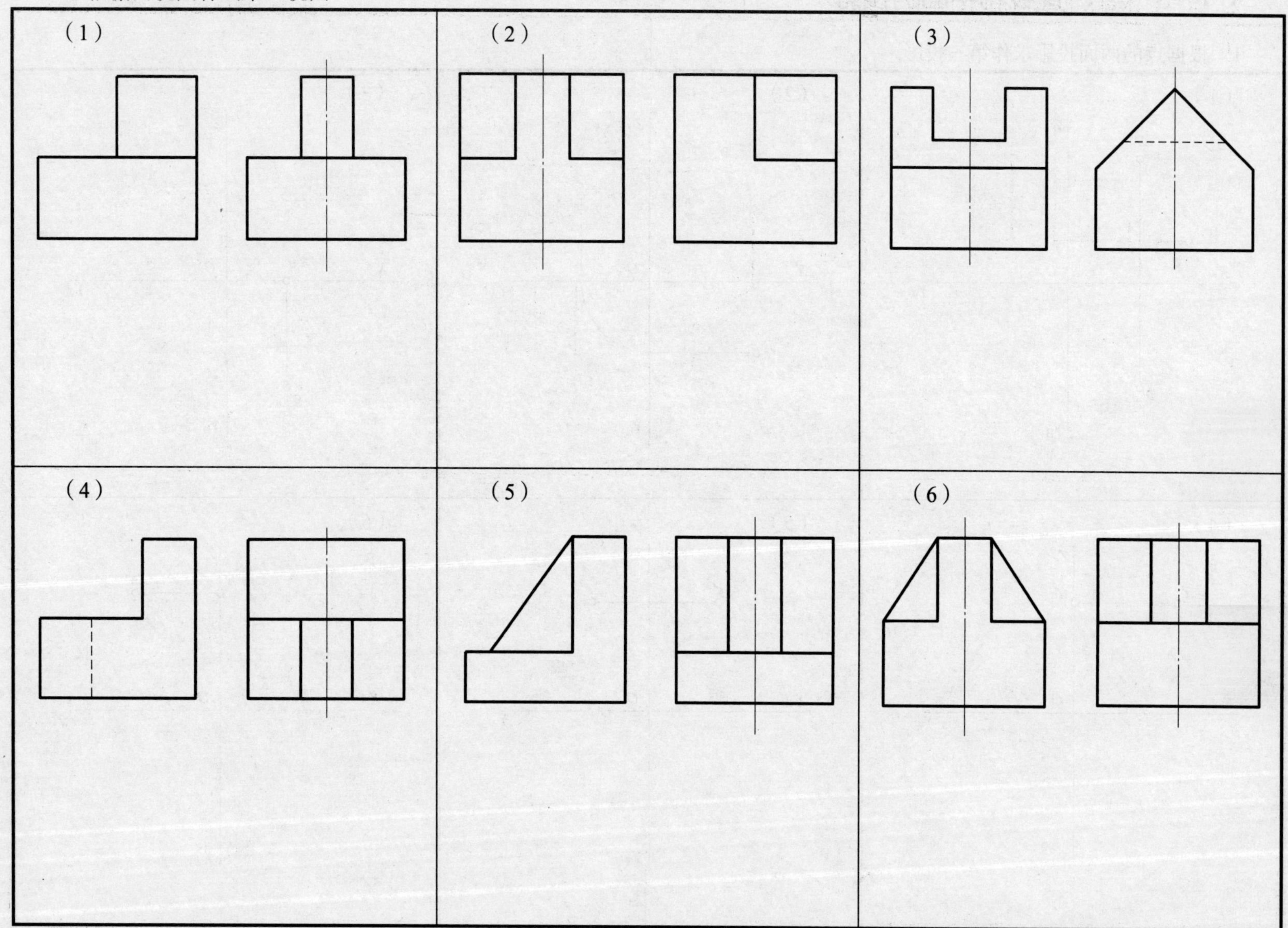

§1—3 点、直线和平面的投影

1. 根据点的两面投影求作第三投影

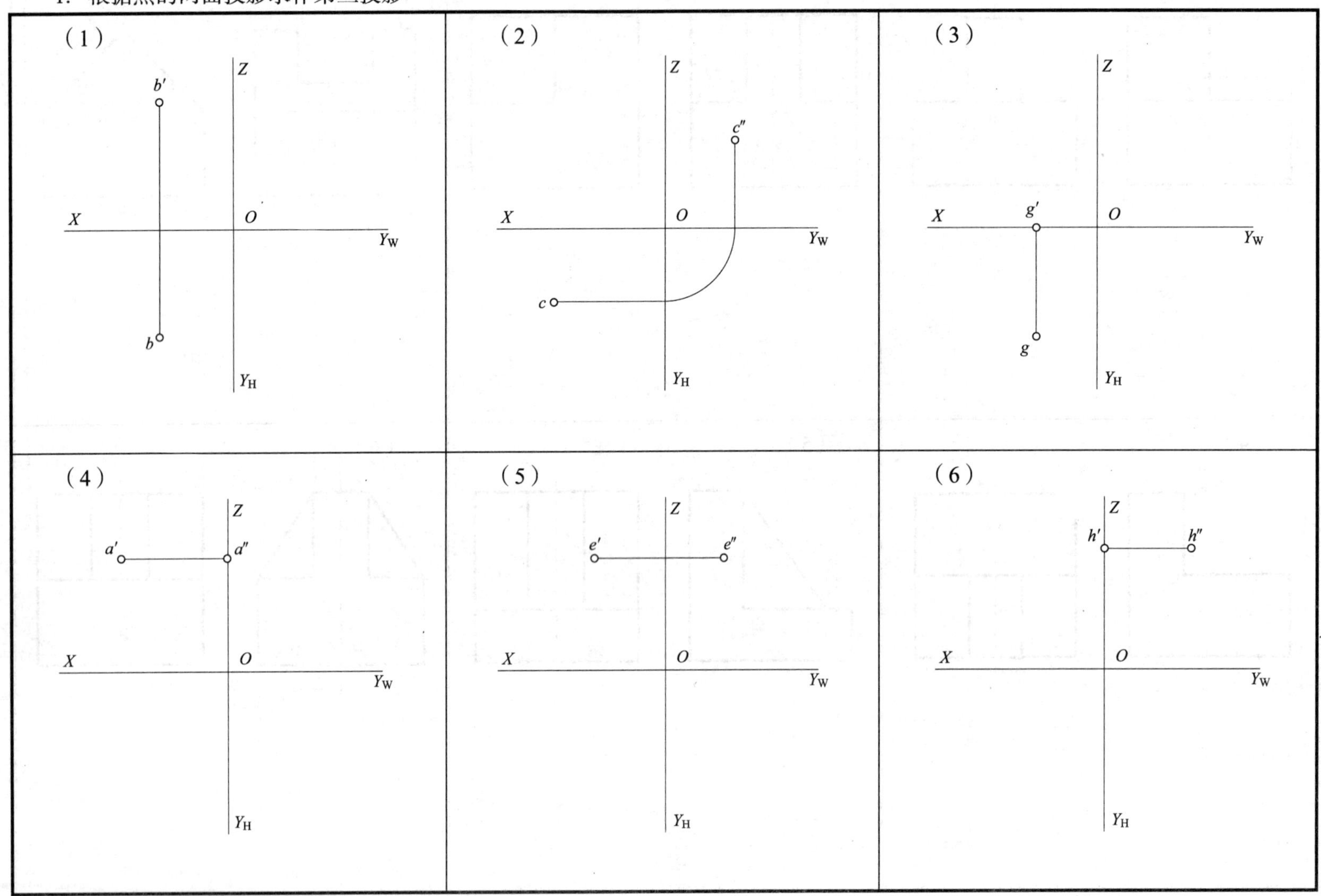

班级 学号 姓名

2. 补画直线的第三投影，并填空

（1）

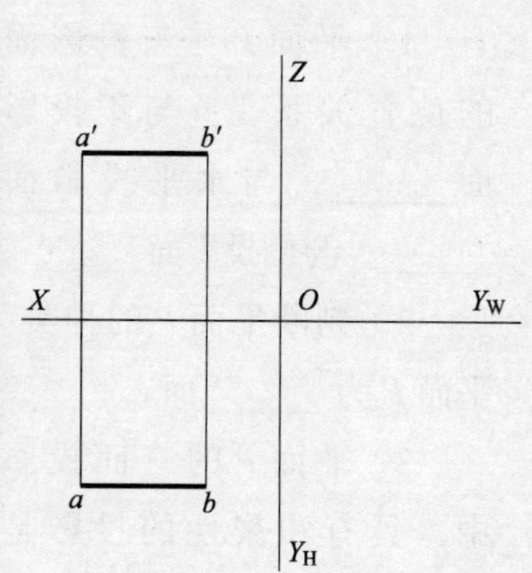

1）直线 *AB* 与三投影面的位置关系是：与正投影面＿＿＿，与水平投影面＿＿＿，与侧投影面＿＿＿。

2）判断直线 *AB* 的种类：直线 *AB* 为＿＿＿线。

3）反映直线 *AB* 实长的投影是＿＿＿和＿＿＿。

（2）

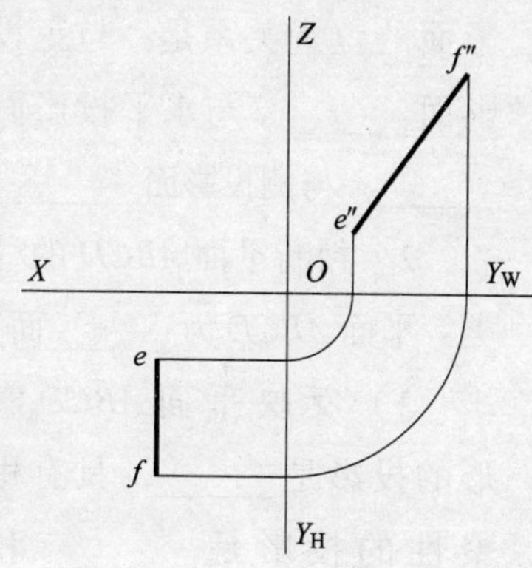

1）直线 *EF* 与三投影面的位置关系是：与正投影面＿＿＿，与水平投影面＿＿＿，与侧投影面＿＿＿。

2）判断直线 *EF* 的种类：直线 *EF* 为＿＿＿线。

3）反映直线 *EF* 实长的投影是＿＿＿。

（3）

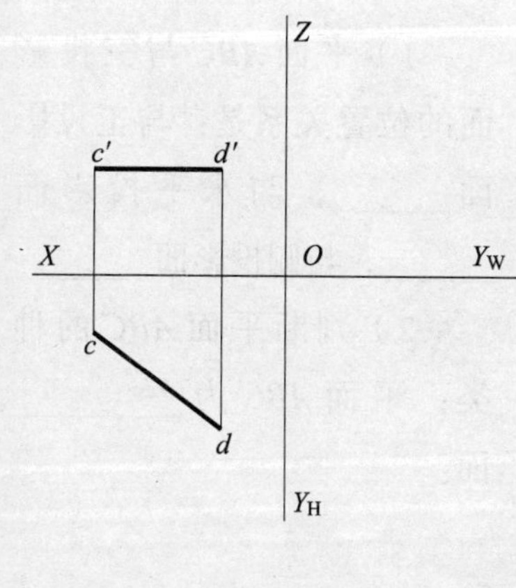

1）直线 *CD* 与三投影面的位置关系是：与正投影面＿＿＿，与水平投影面＿＿＿，与侧投影面＿＿＿。

2）判断直线 *CD* 的种类：直线 *CD* 为＿＿＿线。

3）反映直线 *CD* 实长的投影是＿＿＿。

（4）

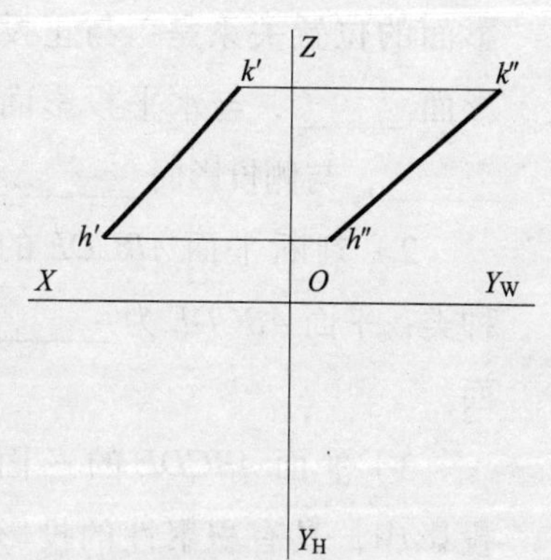

1）直线 *HK* 与三投影面的位置关系是：与正投影面＿＿＿，与水平投影面＿＿＿，与侧投影面＿＿＿。

2）判断直线 *HK* 的种类：直线 *HK* 为＿＿＿线。

3. 补画平面的第三投影，并填空

（1）

1）平面 *ABCD* 与三投影面的位置关系是：与正投影面______，与水平投影面______，与侧投影面______。

2）判断平面 *ABCD* 的种类：平面 *ABCD* 为______面。

3）反映平面 *ABCD* 实形的投影是______，具有积聚性的投影是________和________。

（2）

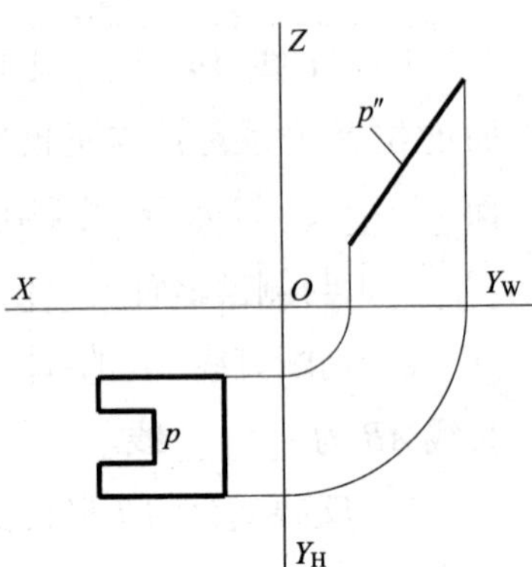

1）平面 *P* 与三投影面的位置关系是：与正投影面______，与水平投影面______，与侧投影面______。

2）判断平面 *P* 的种类：平面 *P* 为______面。

3）平面 *P* 的三面投影中，具有积聚性的投影是________。

（3）

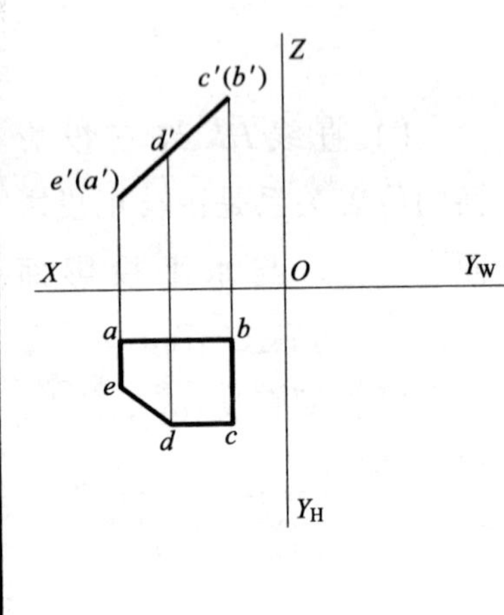

1）平面 *ABCDE* 与三投影面的位置关系是：与正投影面______，与水平投影面______，与侧投影面______。

2）判断平面 *ABCDE* 的种类：平面 *ABCDE* 为______面。

3）平面 *ABCDE* 的三面投影中，具有积聚性的投影是__________。

（4）

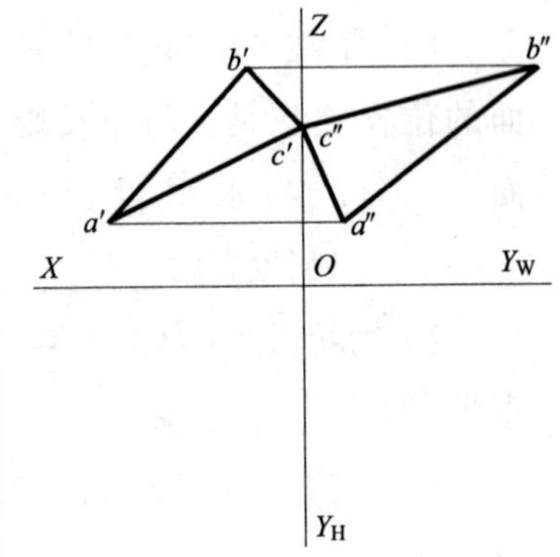

1）平面 *ABC* 与三投影面的位置关系是：与正投影面______，与水平投影面______，与侧投影面______。

2）判断平面 *ABC* 的种类：平面 *ABC* 为________面。

　　班级　　学号　　姓名

§1—4 基本几何体的三视图

1. 补画平面立体的三视图

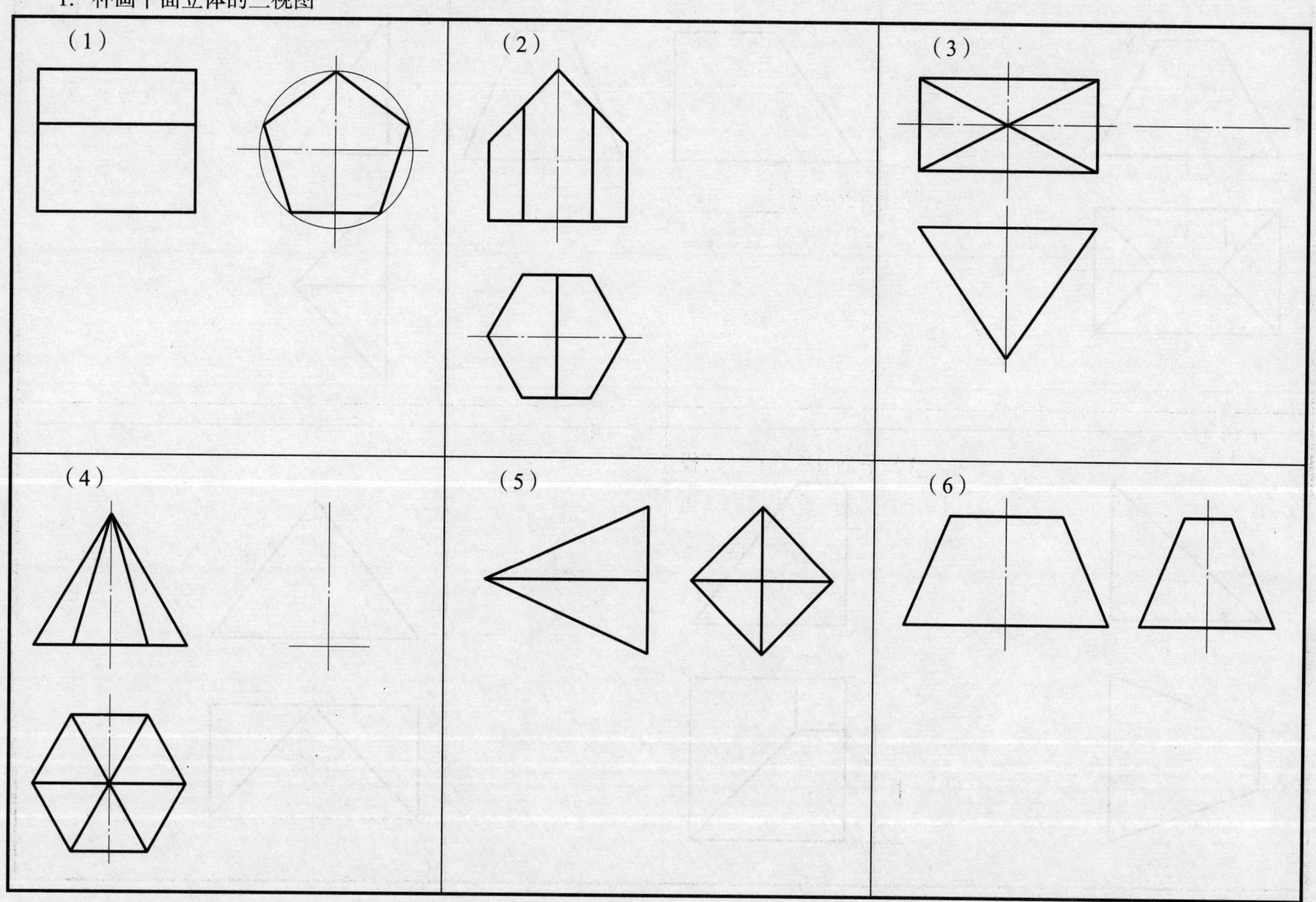

班级　　学号　　姓名

2. 根据平面立体的两视图补画第三视图

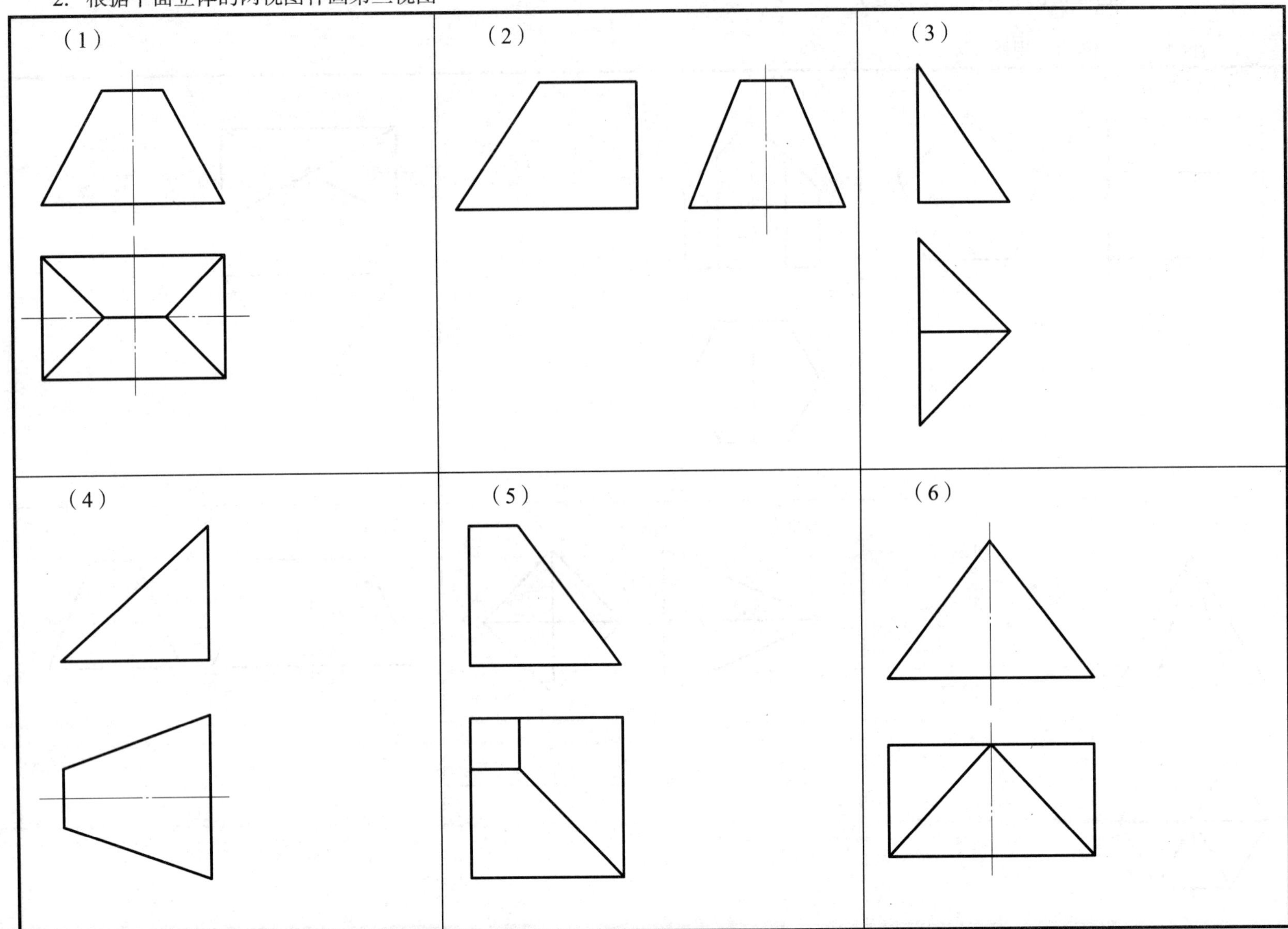

 班级 学号 姓名

3. 根据曲面立体的两视图补画第三视图（一）

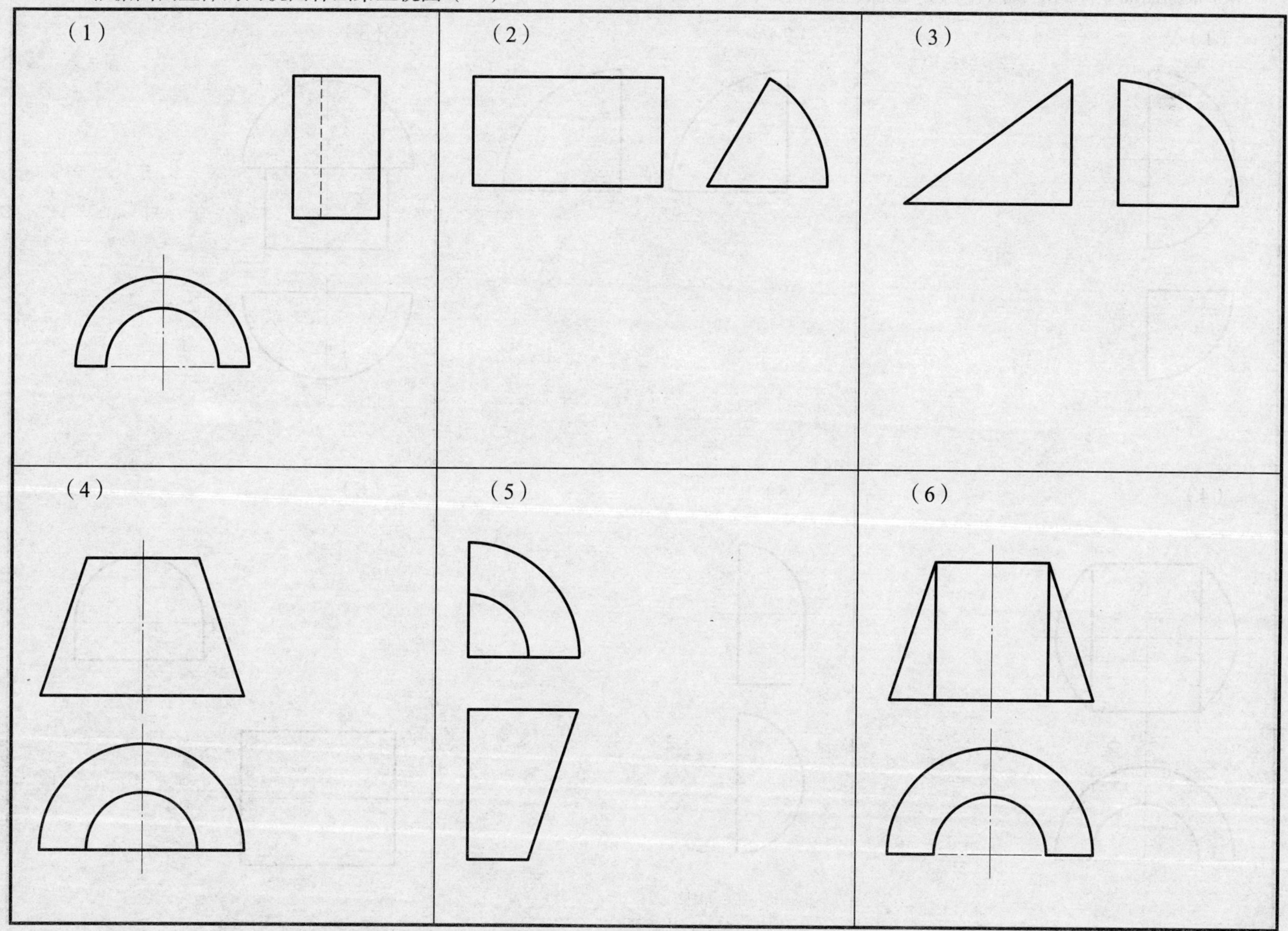

4. 根据曲面立体的两视图补画第三视图（二）

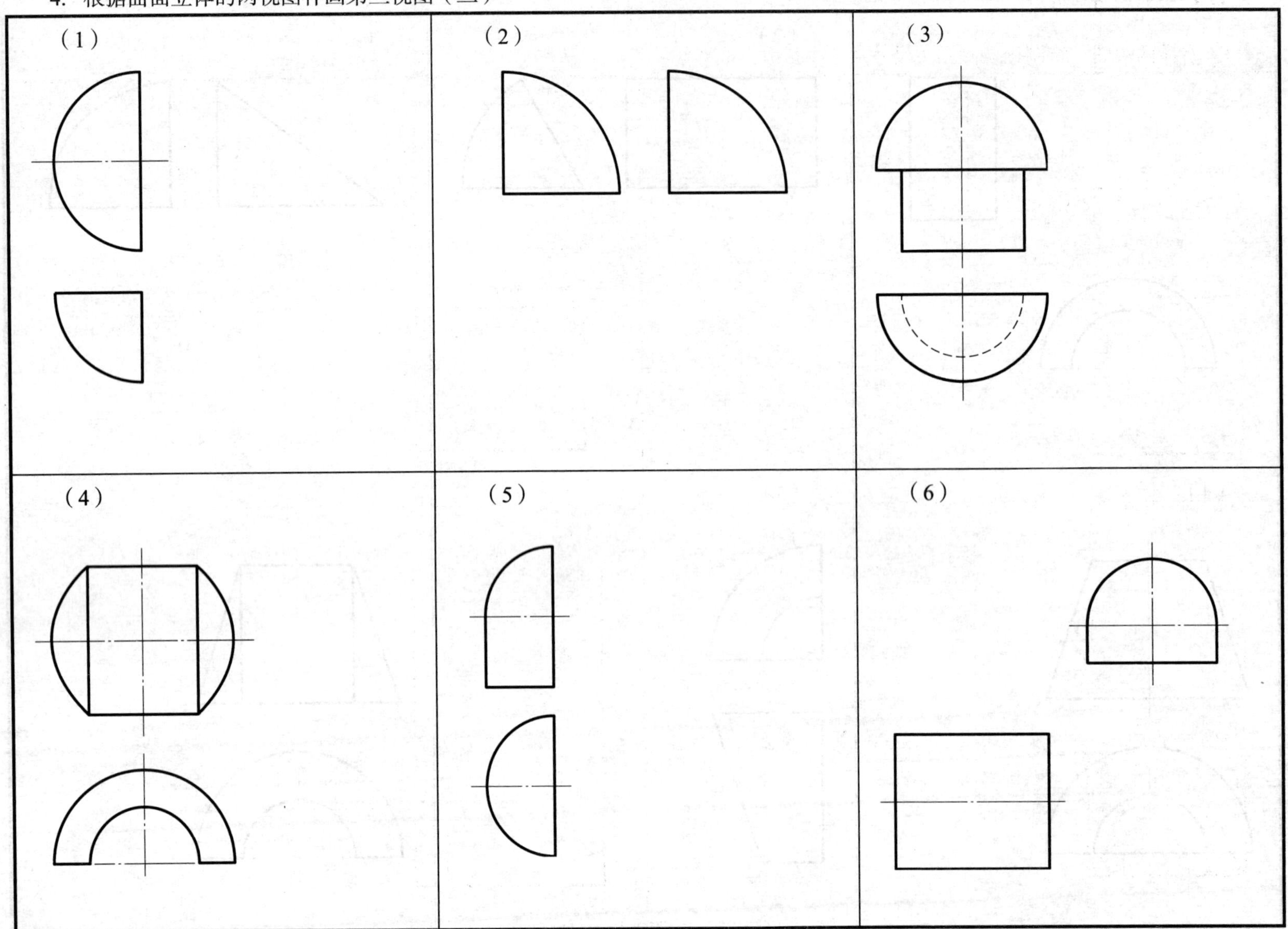

 班级 学号 姓名

§1—5 轴测图

1. 看懂两视图，绘制正等测图（尺寸从图中量取，取整数）

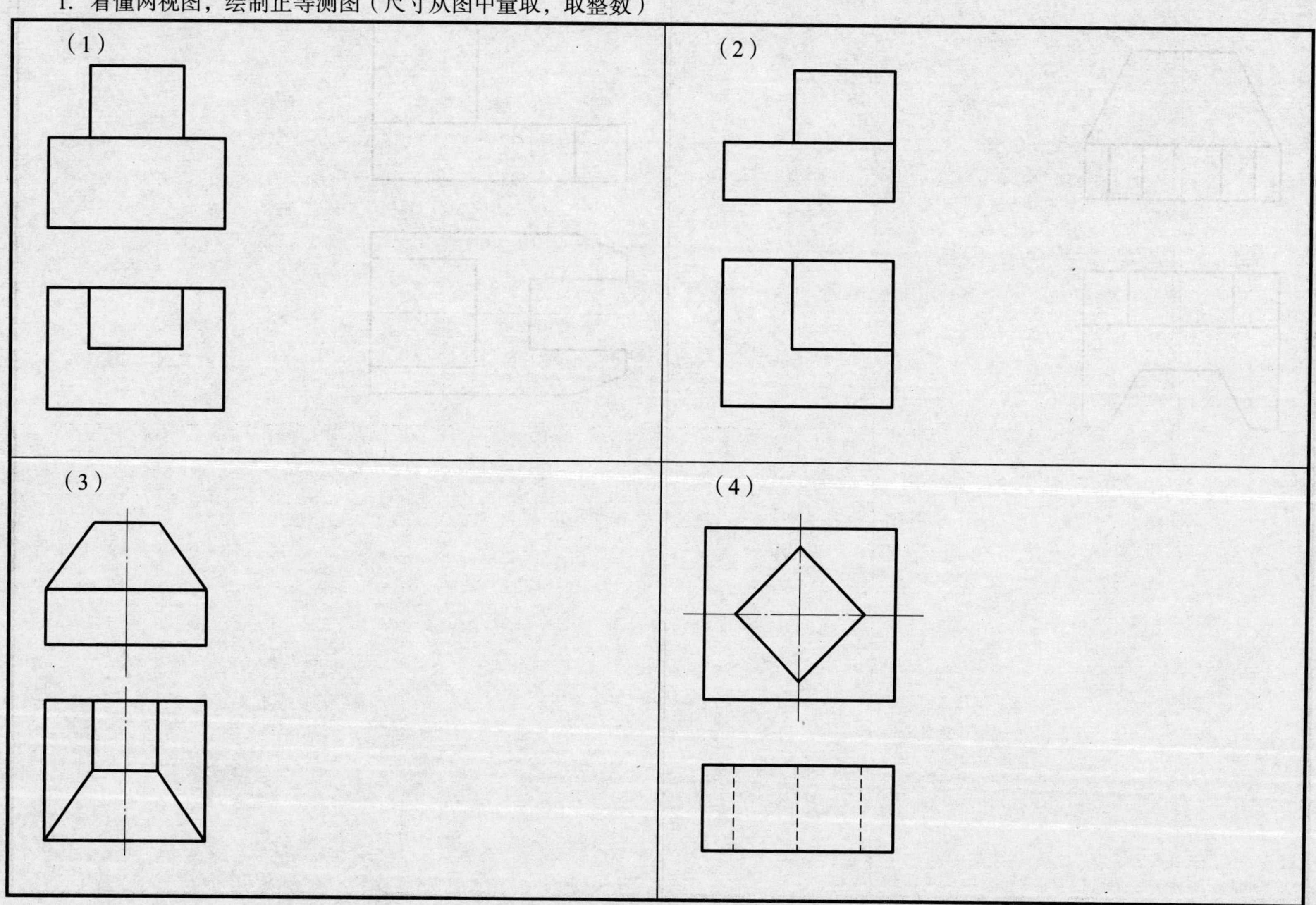

2. 根据两视图补画第三视图，并绘制正等测图（尺寸从图中量取，取整数）

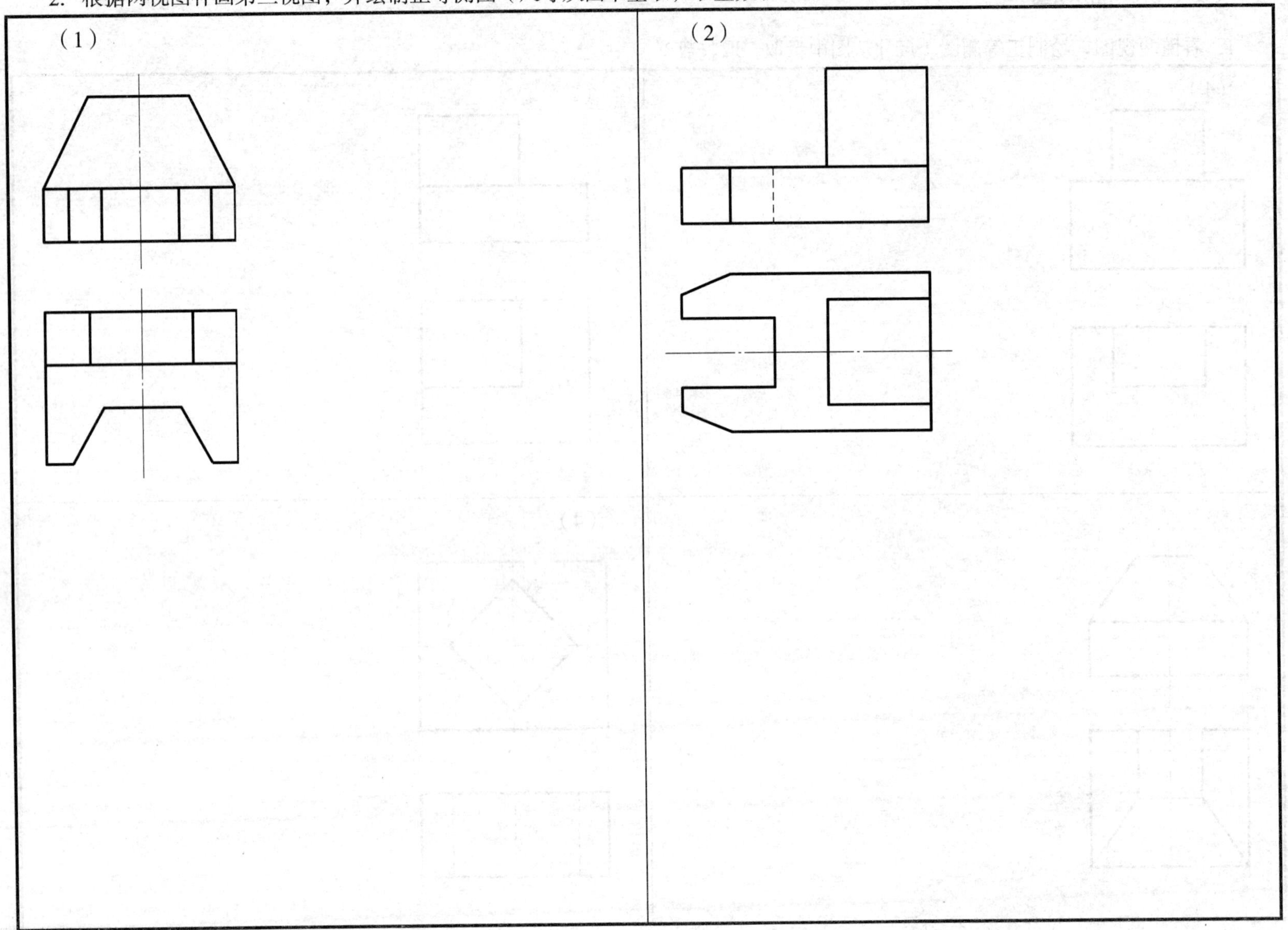

 班级 学号 姓名

3. 看懂两视图，绘制斜二测图（尺寸从图中量取，取整数）

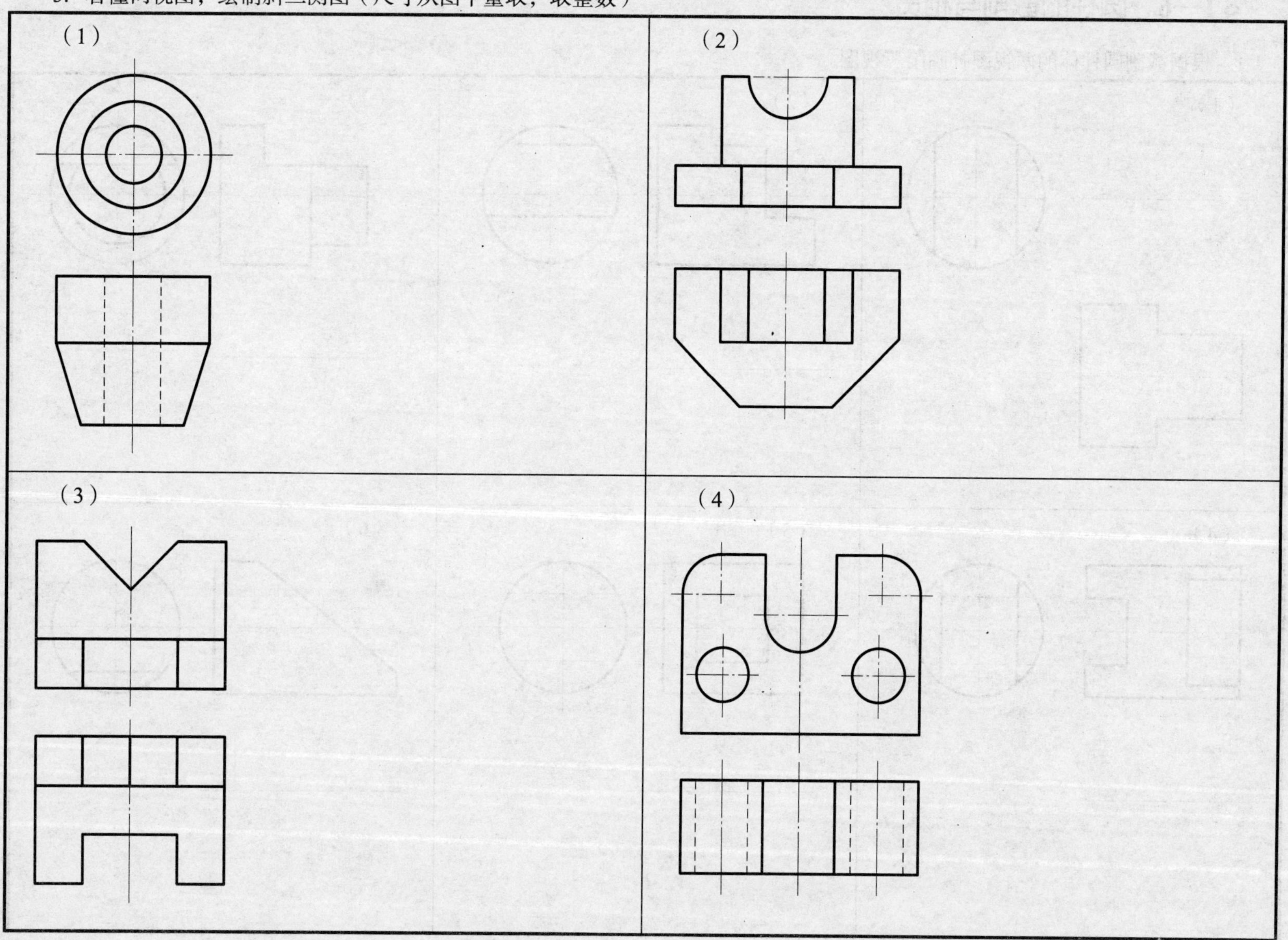

班级　　　学号　　　姓名

§1—6 圆柱的截割与相贯

1. 根据截割圆柱体的两视图补画第三视图

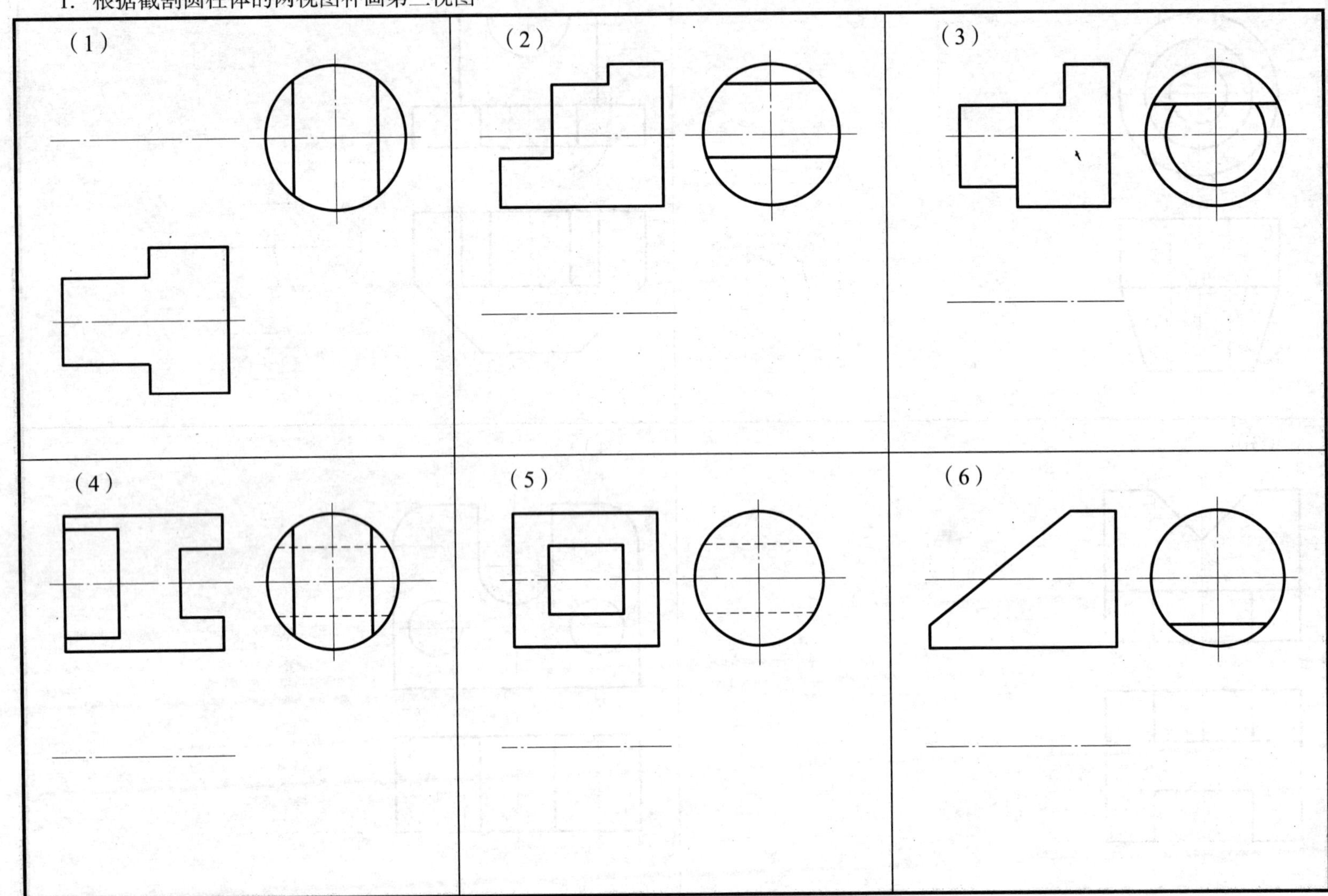

2. 补画相贯线及其他缺漏的轮廓线

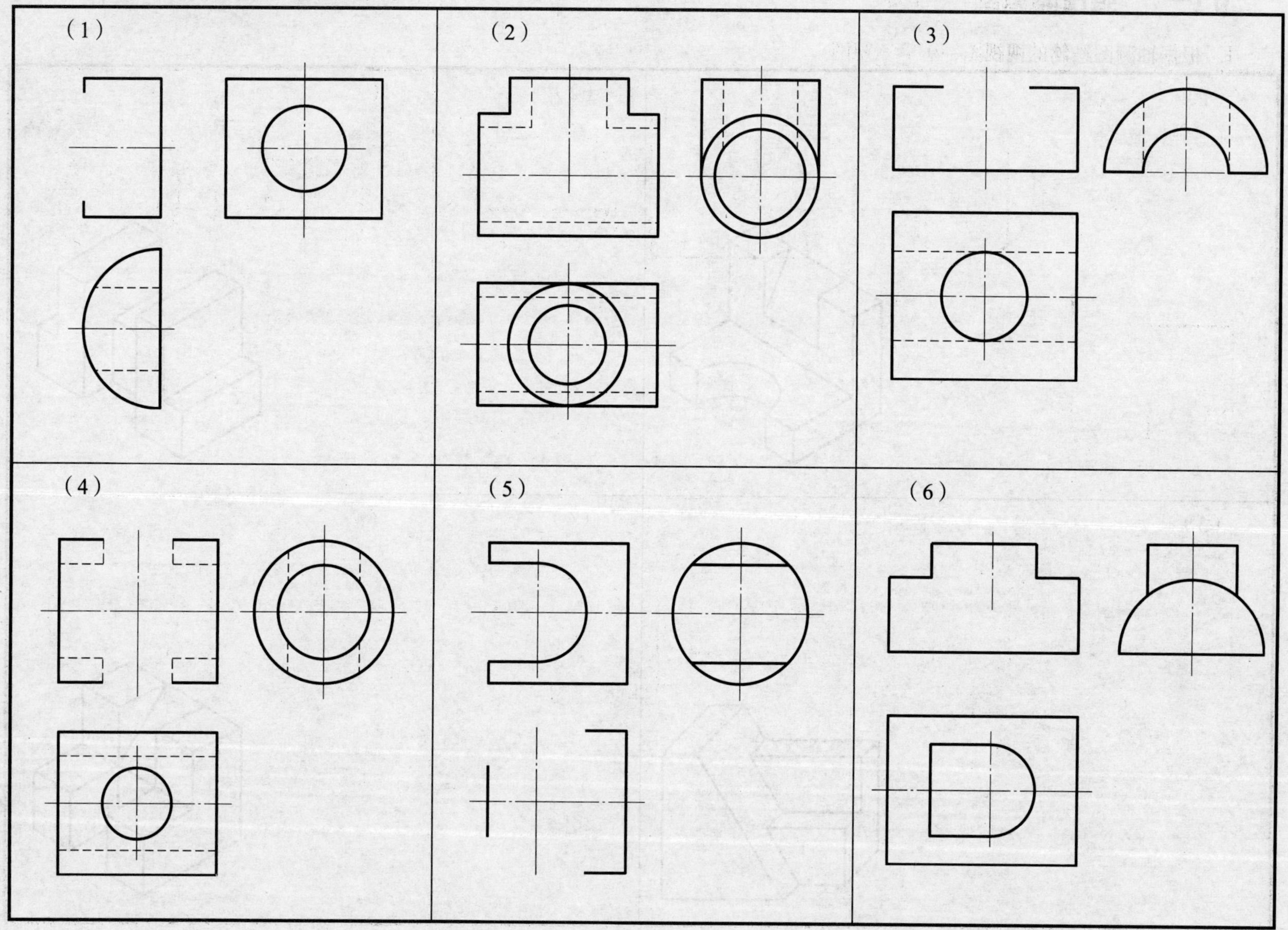

§1—7 组合体

1. 根据轴测图绘制三视图（一）

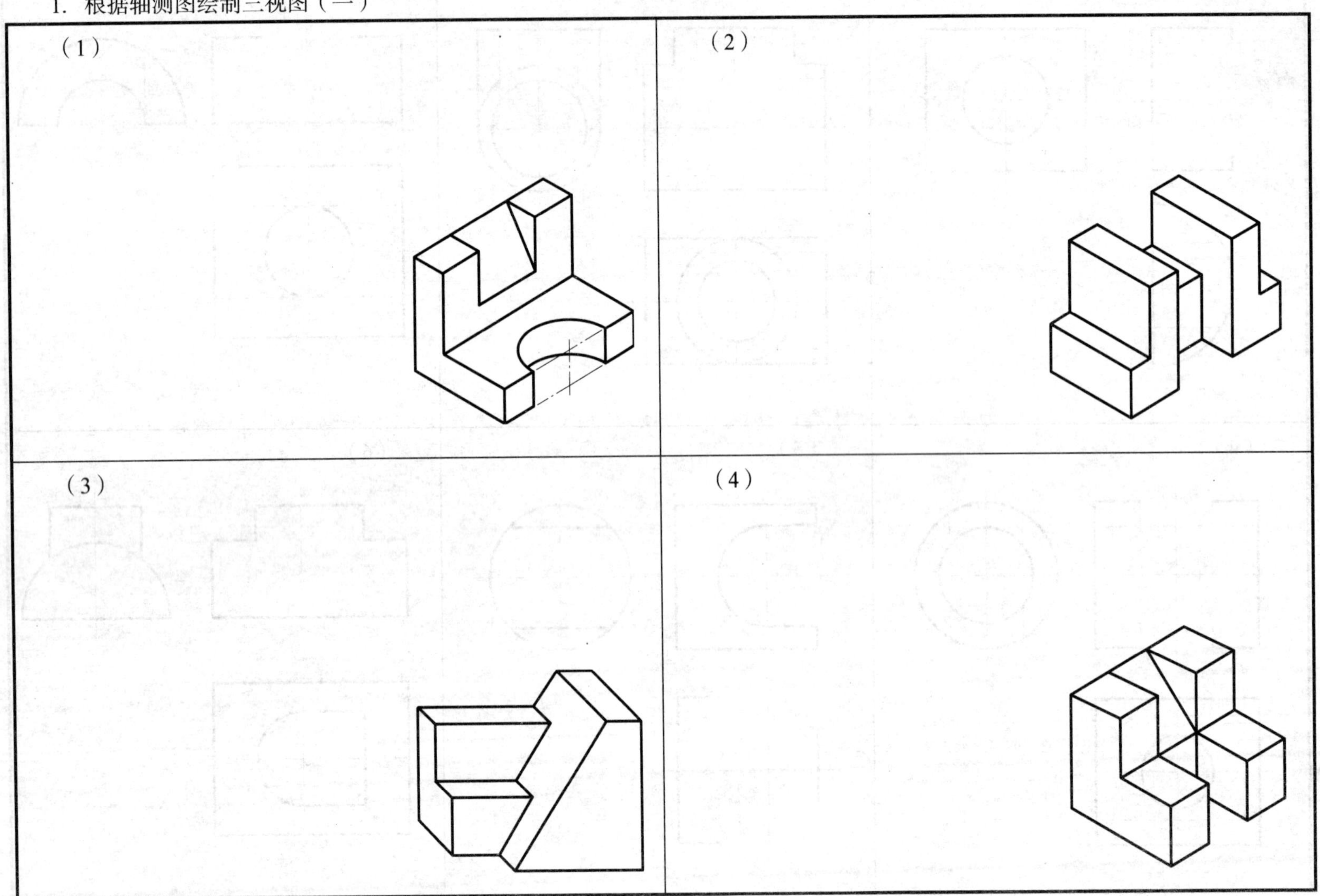

 班级 学号 姓名

2. 根据轴测图绘制三视图（二）

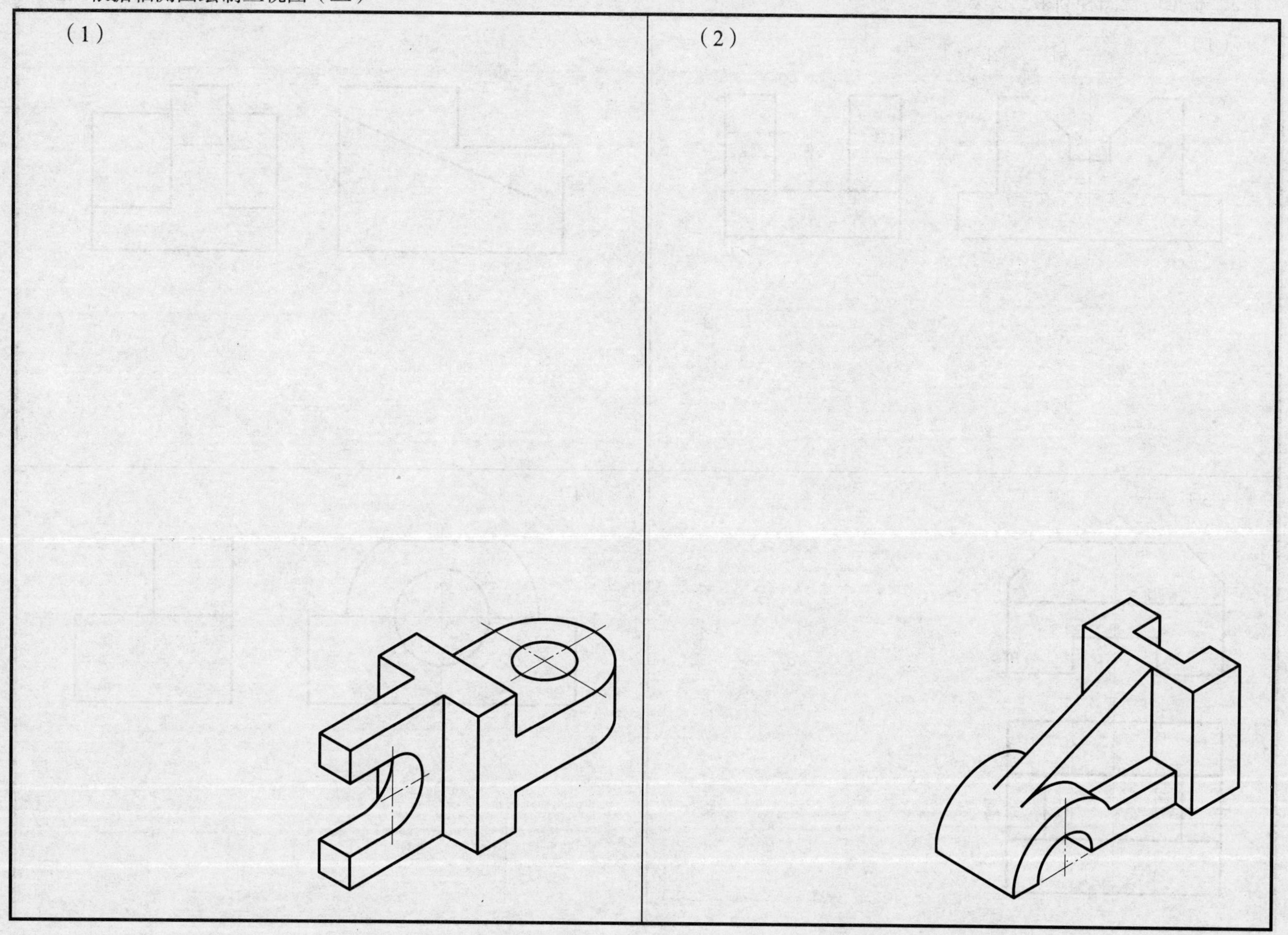

班级　　　　学号　　　　姓名

3. 根据两视图补画第三视图

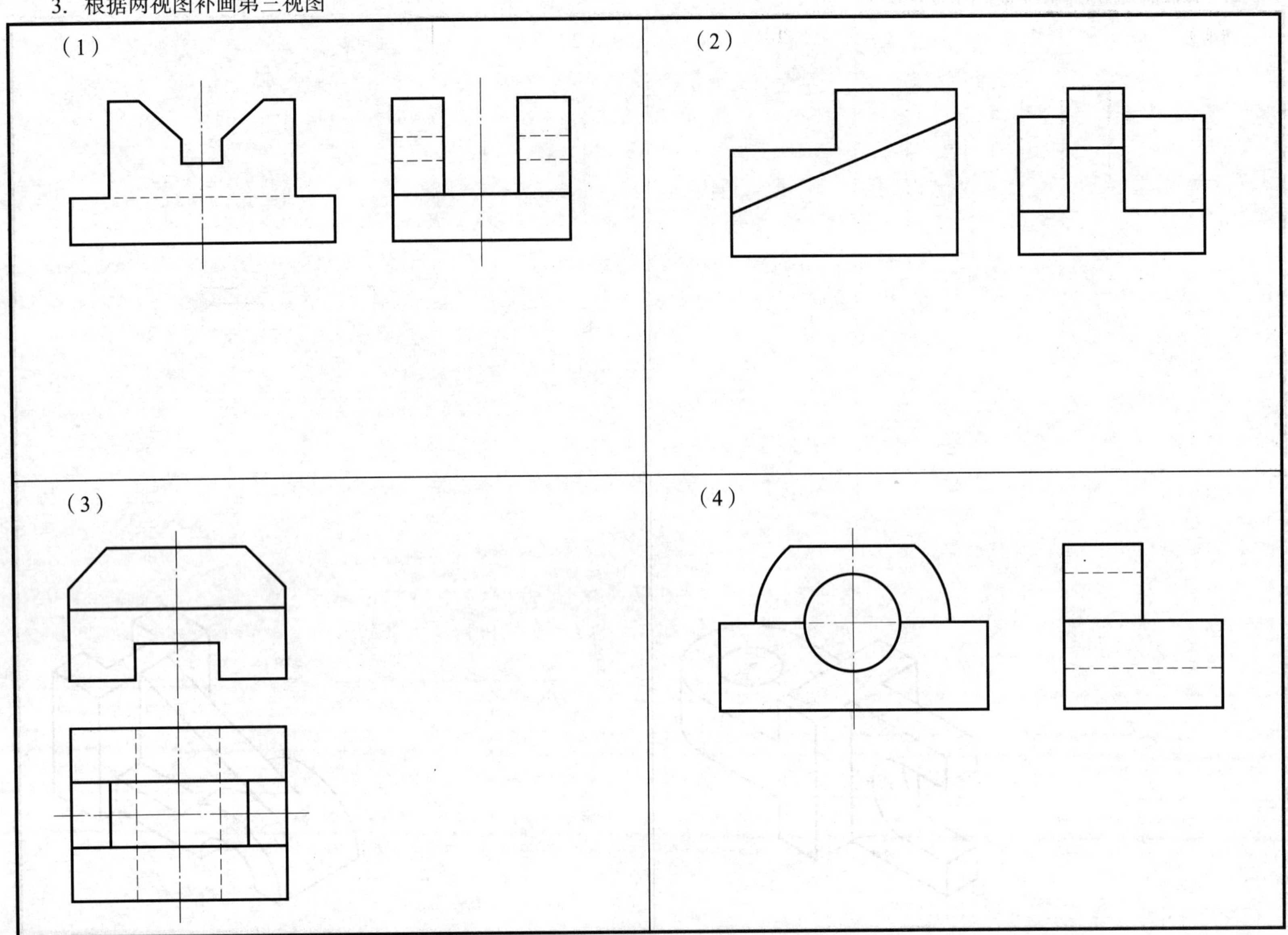

 班级 学号 姓名

4. 看懂视图，补画三视图中漏画的图线

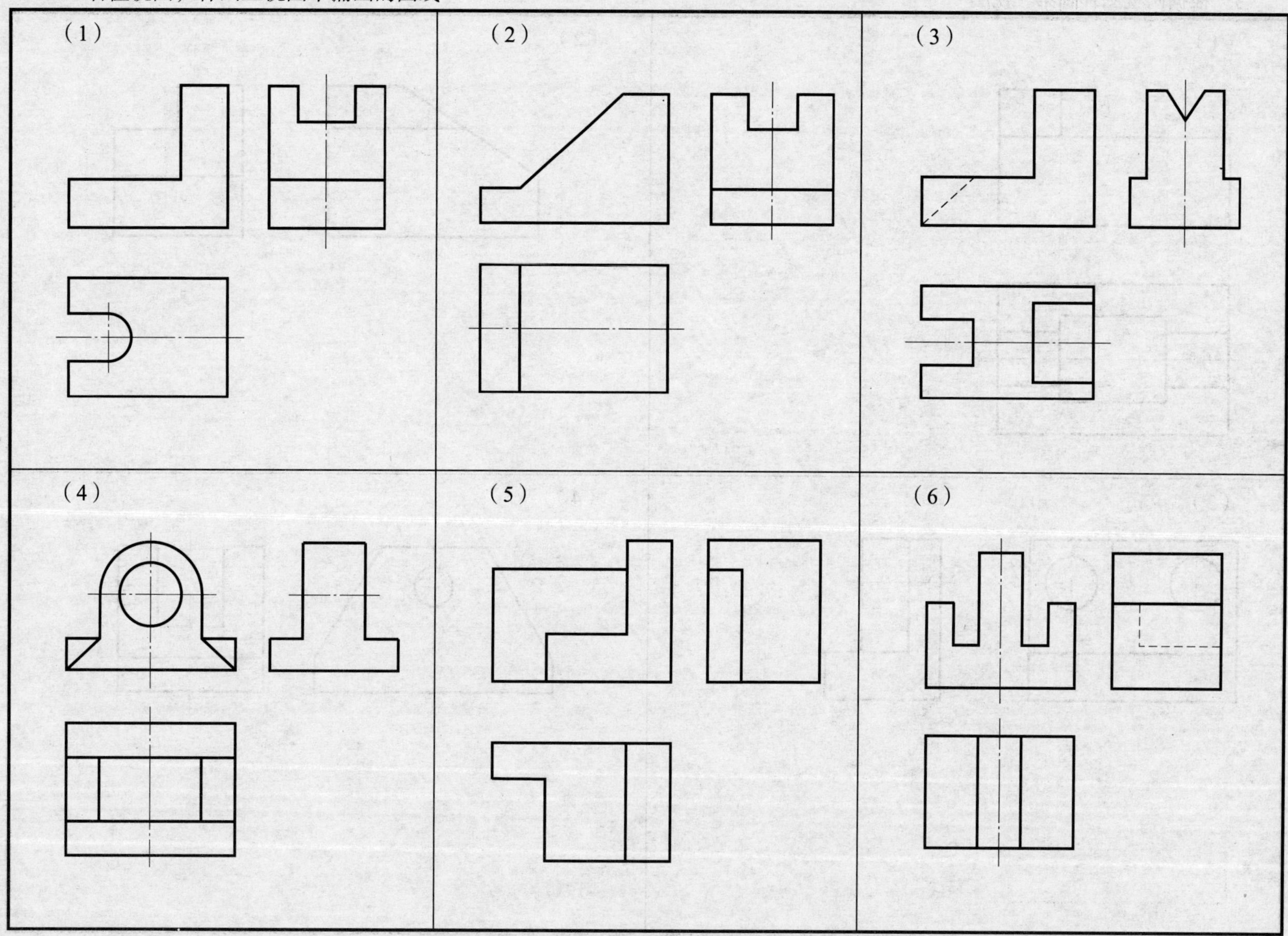

班级　　　学号　　　姓名

5. 根据两视图补画第三视图

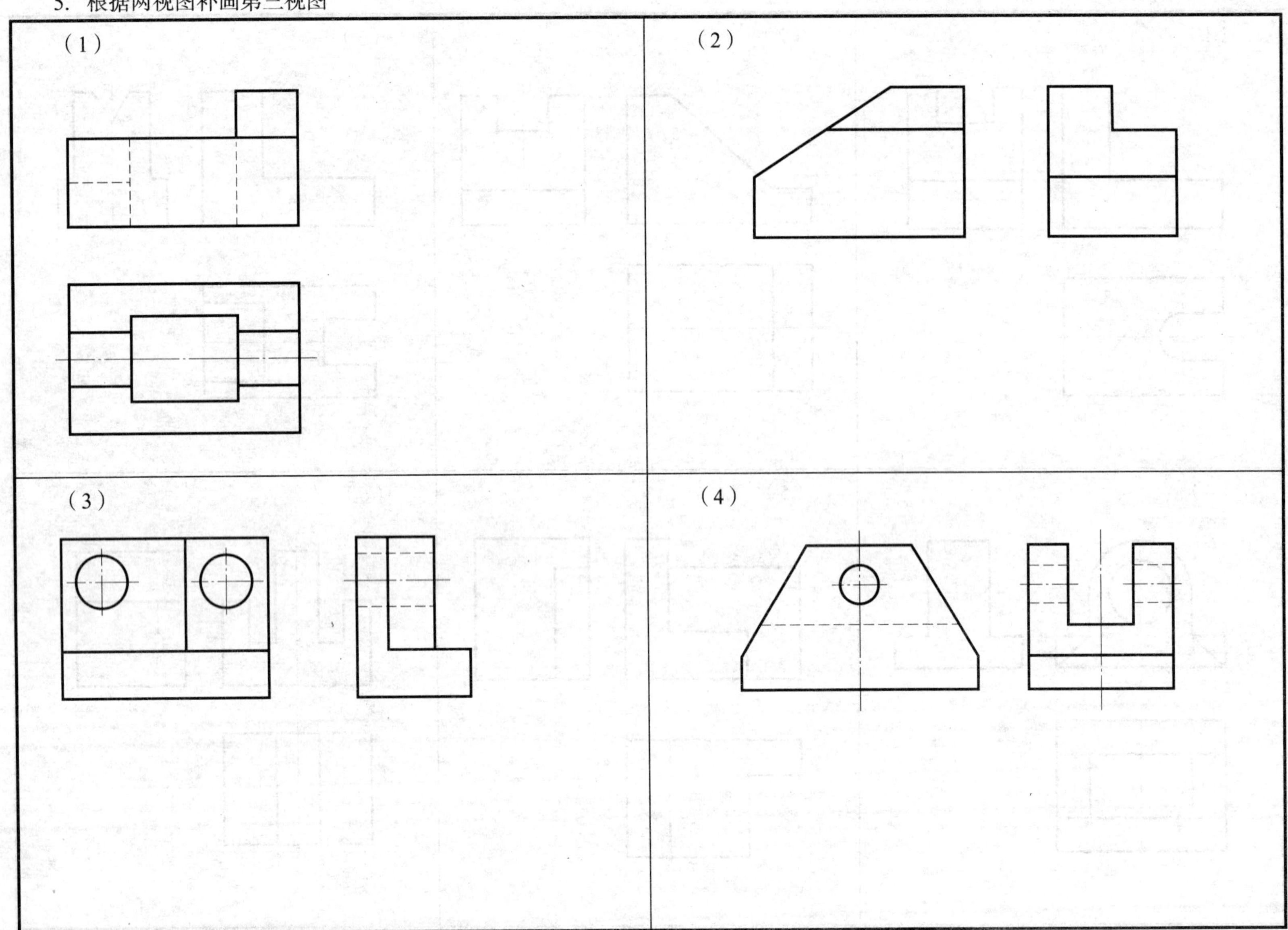

 班级 学号 姓名

6. 看懂视图，补画三视图中漏画的图线

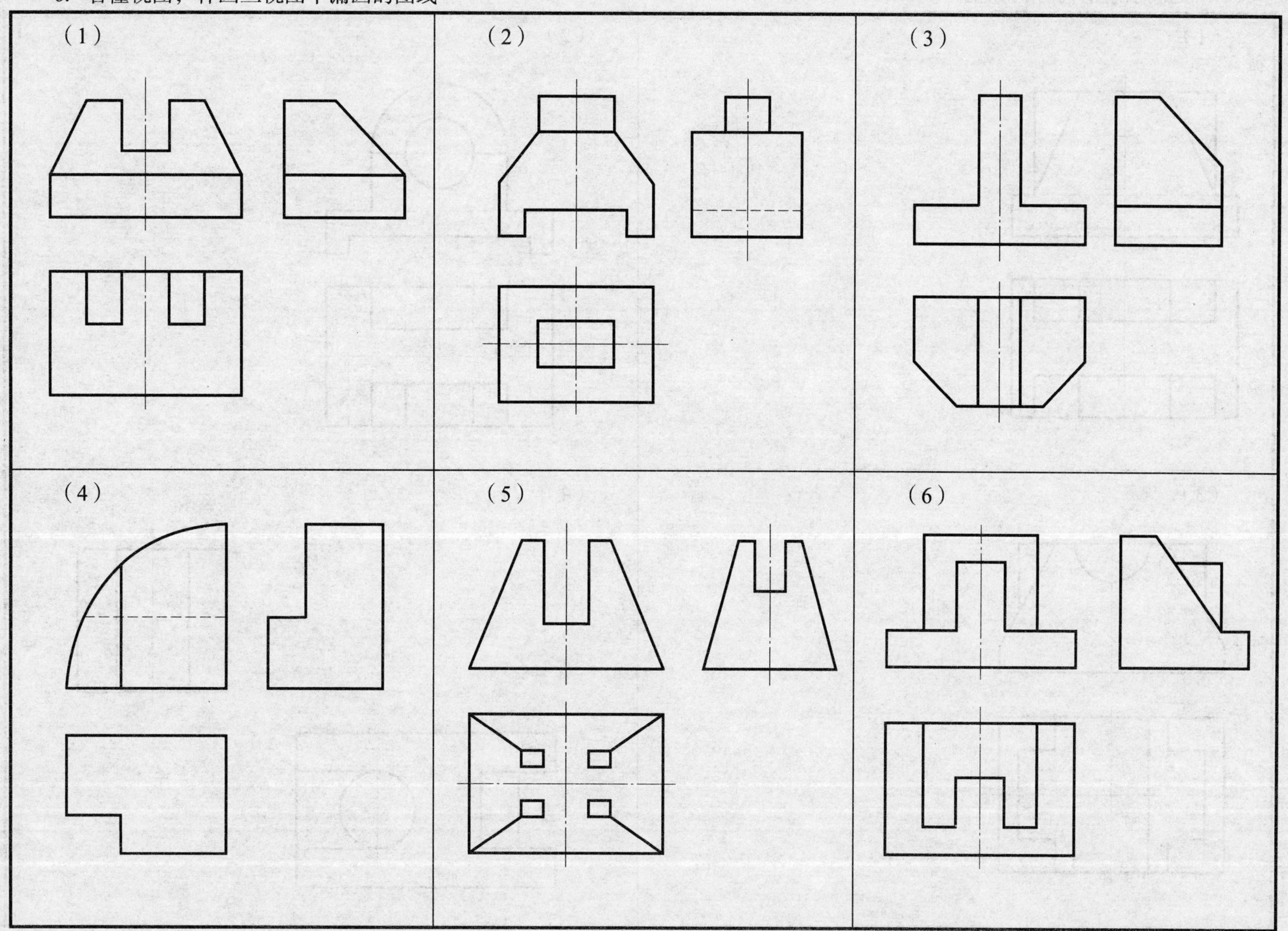

7. 根据两视图补画第三视图

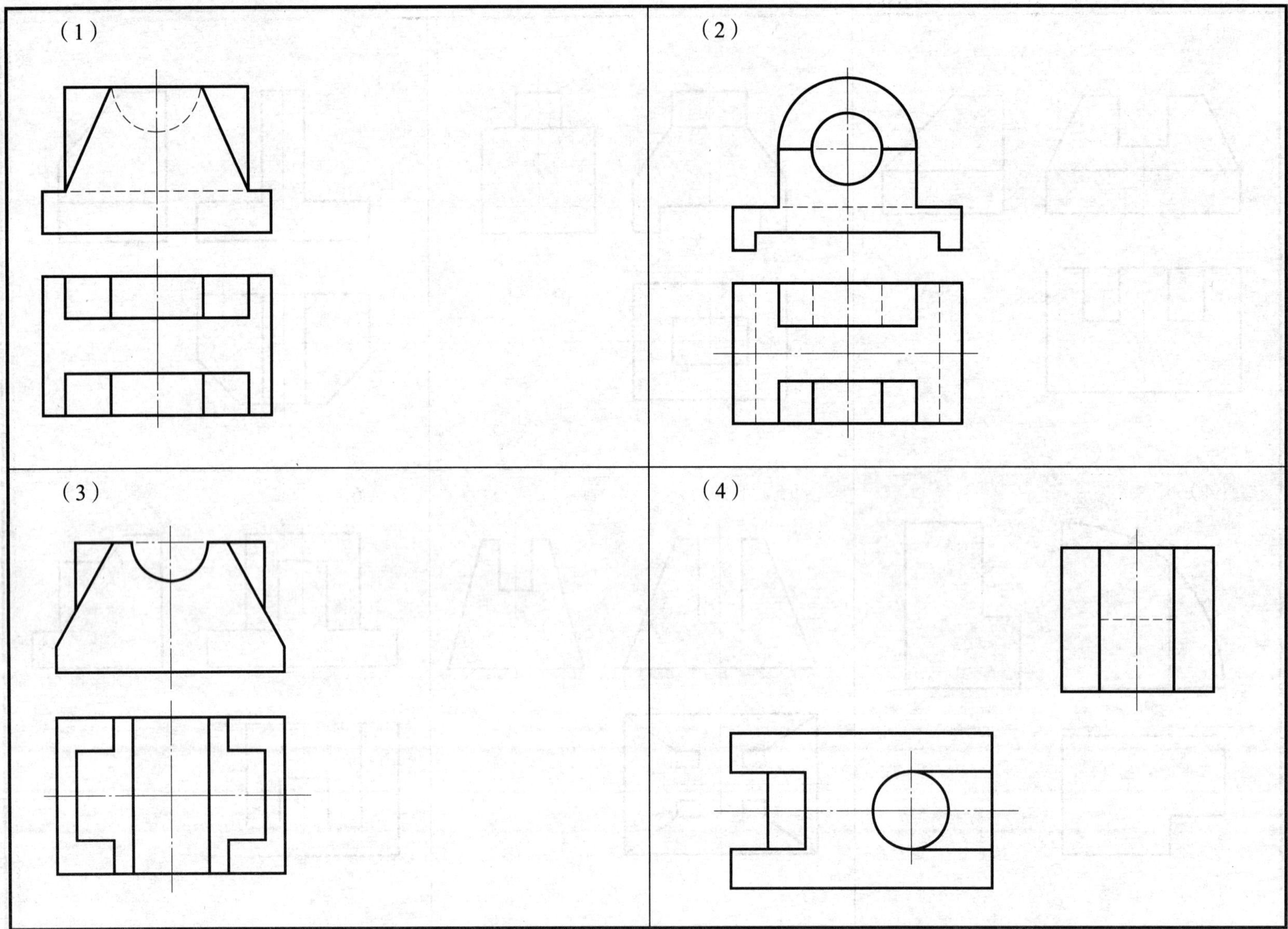

班级　　　学号　　　姓名

8. 看懂视图，补画三视图中漏画的图线

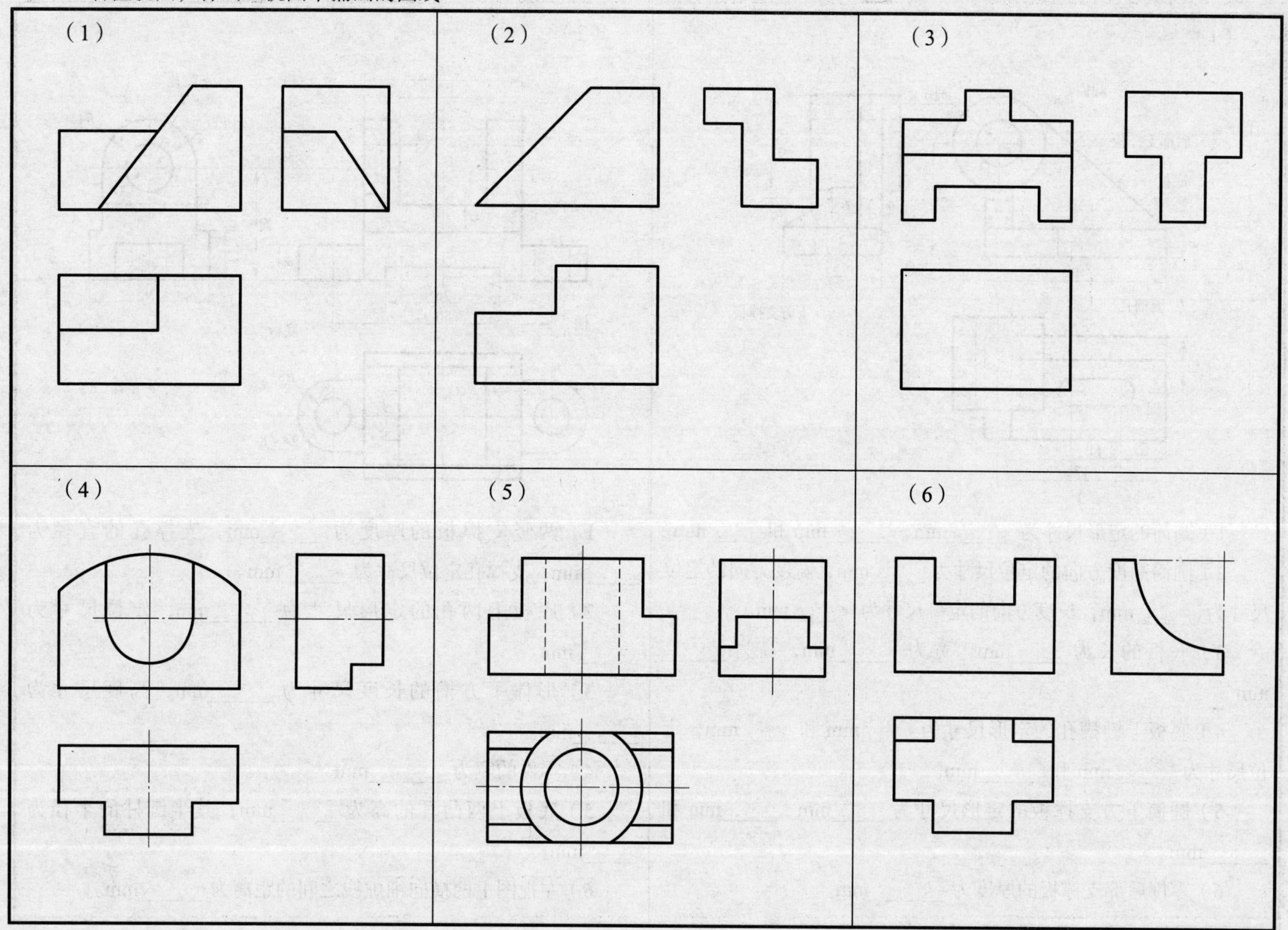

9. 识读组合体三视图上的尺寸，并填空

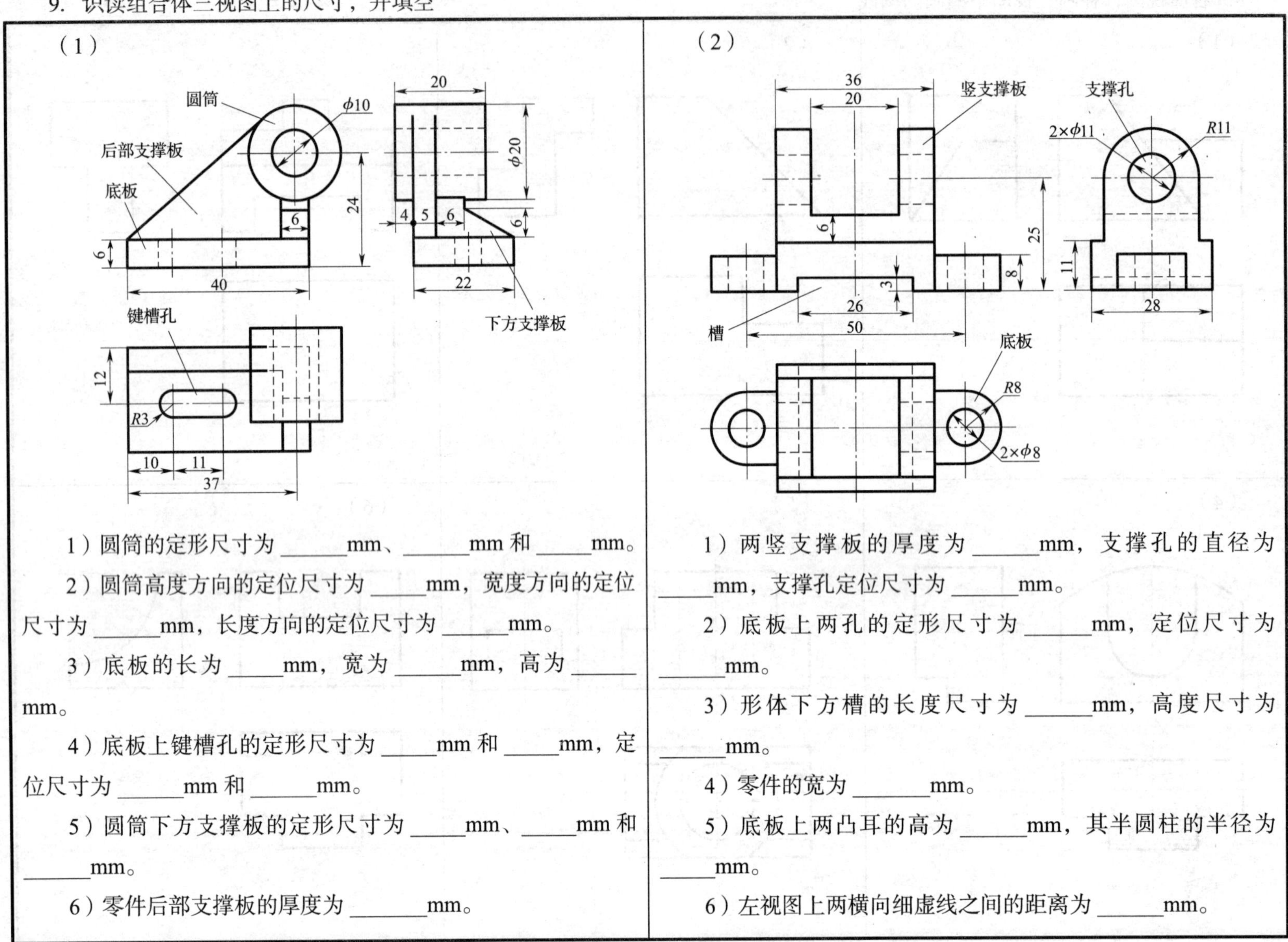

（1）

1）圆筒的定形尺寸为______mm、______mm 和______mm。

2）圆筒高度方向的定位尺寸为______mm，宽度方向的定位尺寸为______mm，长度方向的定位尺寸为______mm。

3）底板的长为______mm，宽为______mm，高为______mm。

4）底板上键槽孔的定形尺寸为______mm 和______mm，定位尺寸为______mm 和______mm。

5）圆筒下方支撑板的定形尺寸为______mm、______mm 和______mm。

6）零件后部支撑板的厚度为______mm。

（2）

1）两竖支撑板的厚度为______mm，支撑孔的直径为______mm，支撑孔定位尺寸为______mm。

2）底板上两孔的定形尺寸为______mm，定位尺寸为______mm。

3）形体下方槽的长度尺寸为______mm，高度尺寸为______mm。

4）零件的宽为______mm。

5）底板上两凸耳的高为______mm，其半圆柱的半径为______mm。

6）左视图上两横向细虚线之间的距离为______mm。

班级　　　　学号　　　　姓名

10. 在两视图上标注尺寸（尺寸从图中量取，取整数）

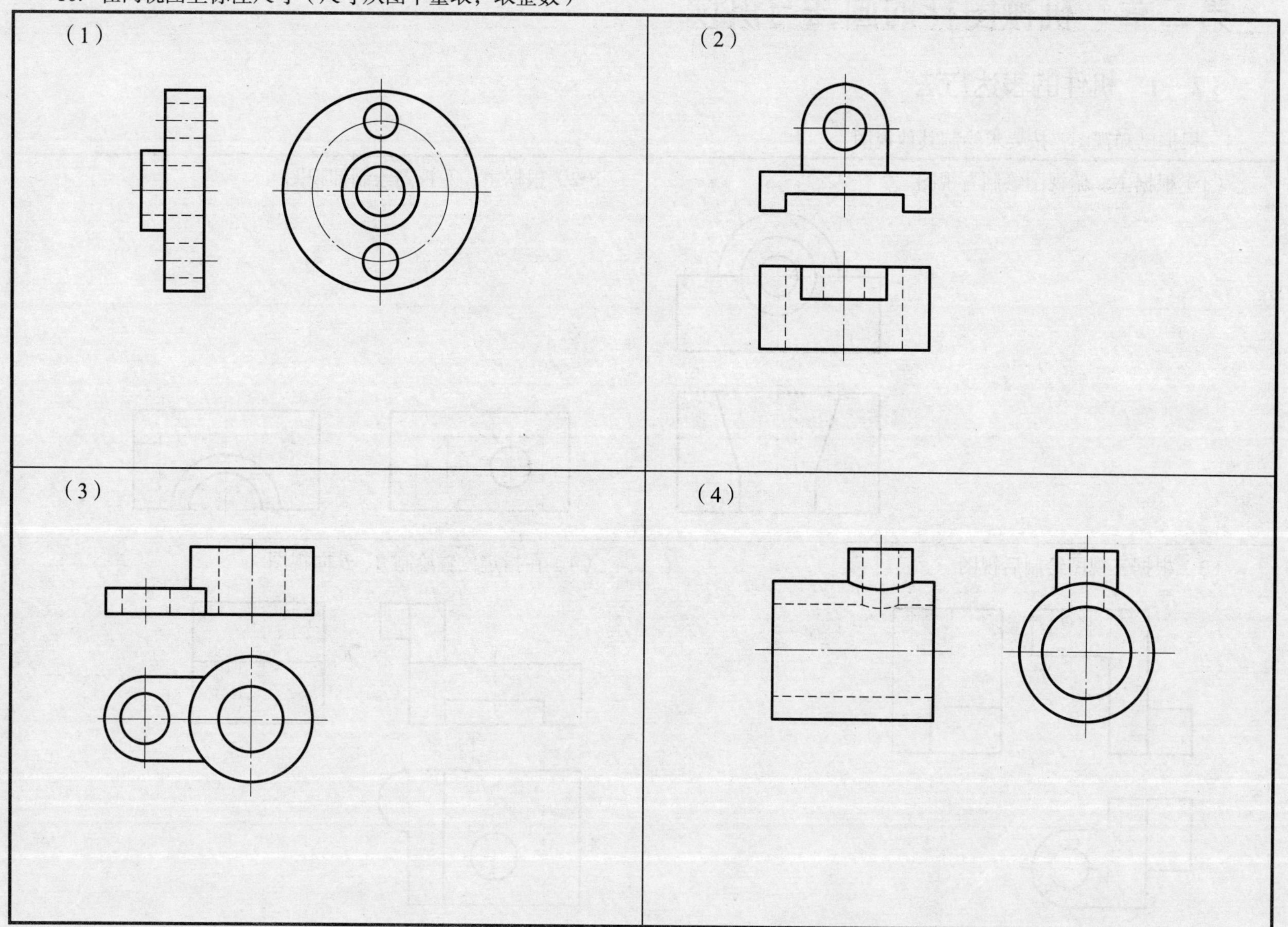

第二章　机械图样的画法与识读

§2—1　机件的表达方法

1. 根据已知视图，按要求绘制其他视图

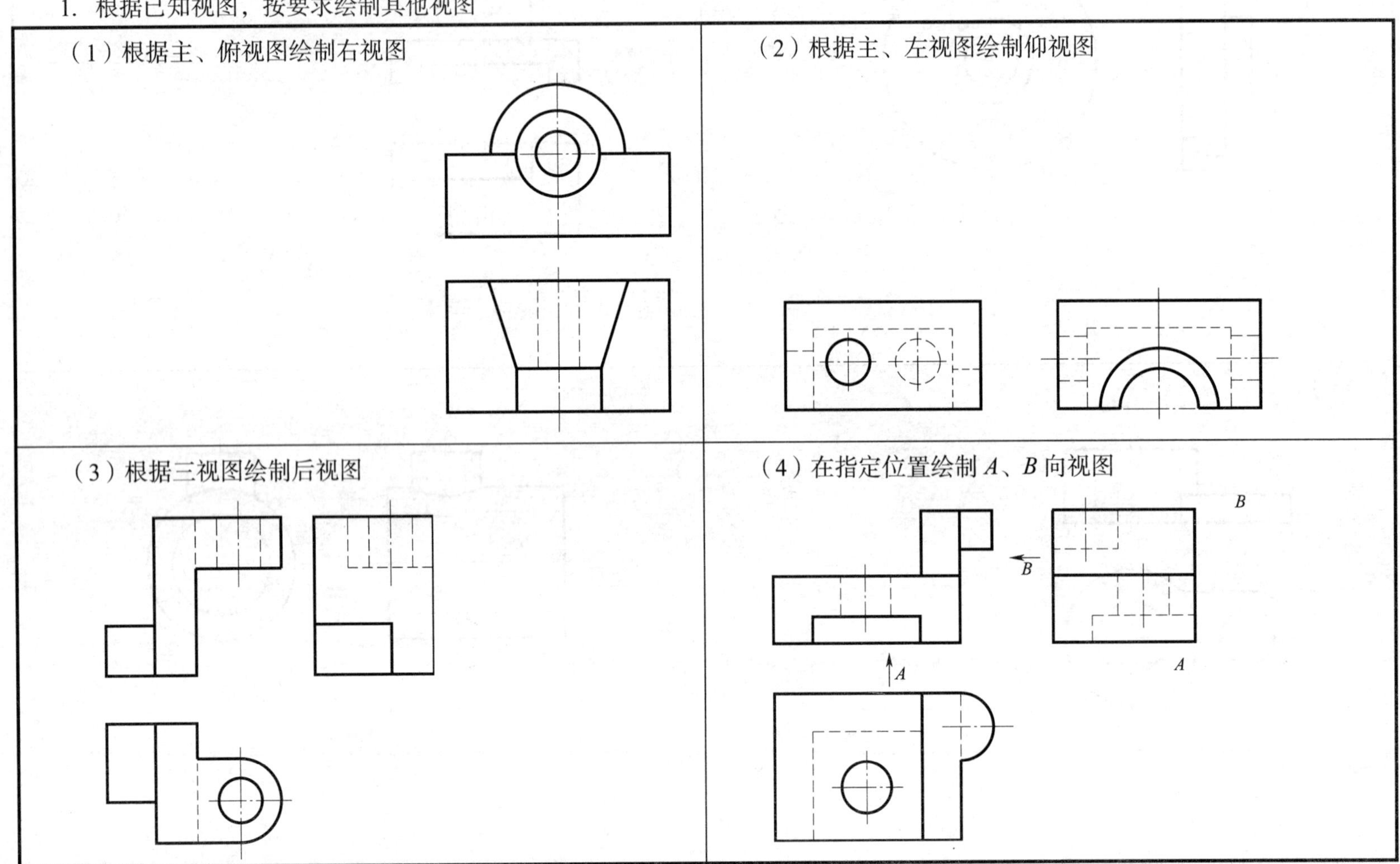

　　班级　　学号　　姓名

2. 根据主视图和轴测图补画局部视图和斜视图（宽度尺寸从轴测图中量取）

（1）绘制 *B*、*C* 向局部视图和 *A* 向斜视图，并进行标注

（2）绘制 *A* 向斜视图（旋转摆正）和 *B* 向局部视图

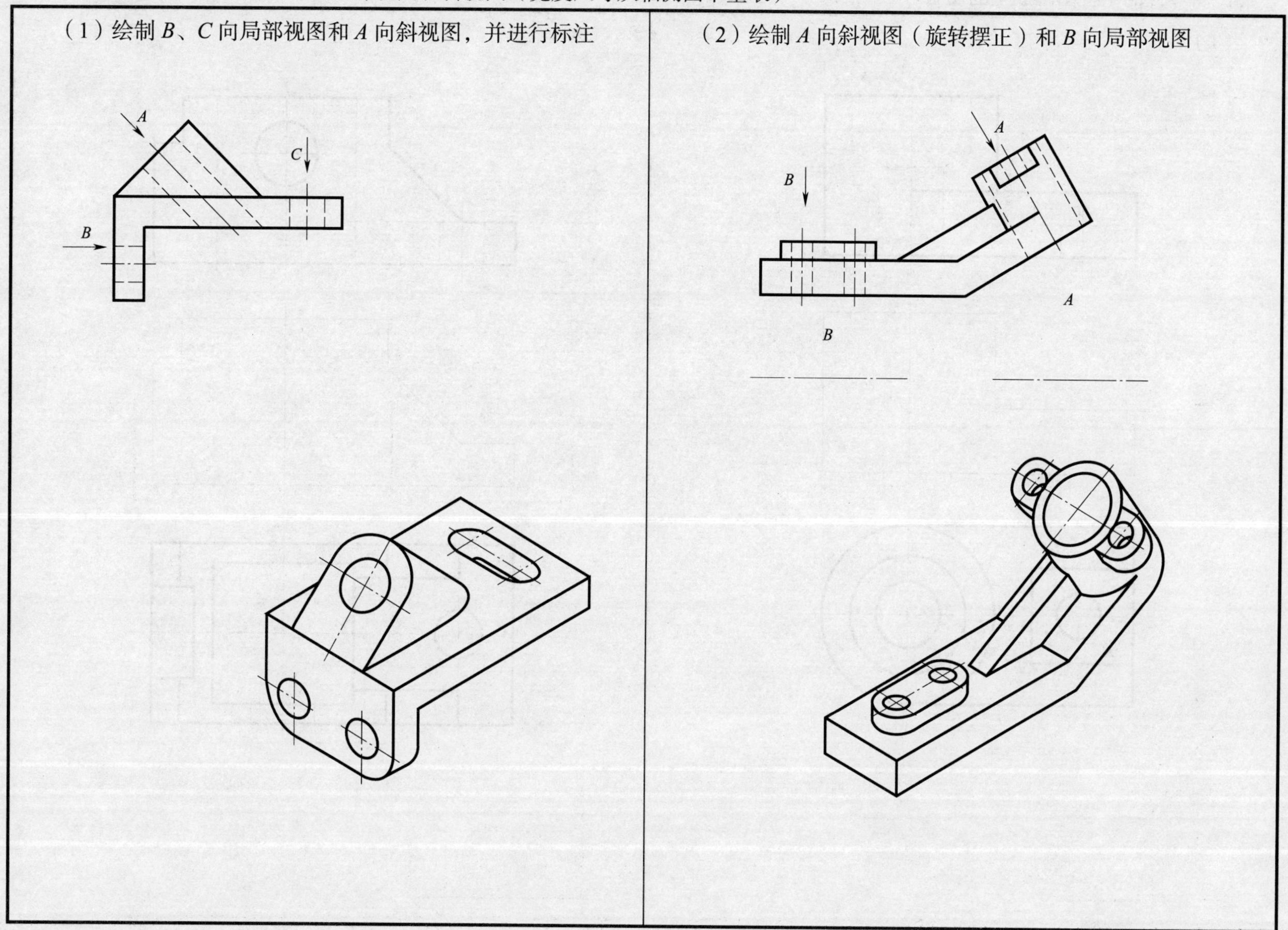

3. 将零件的主视图画成全剖视图

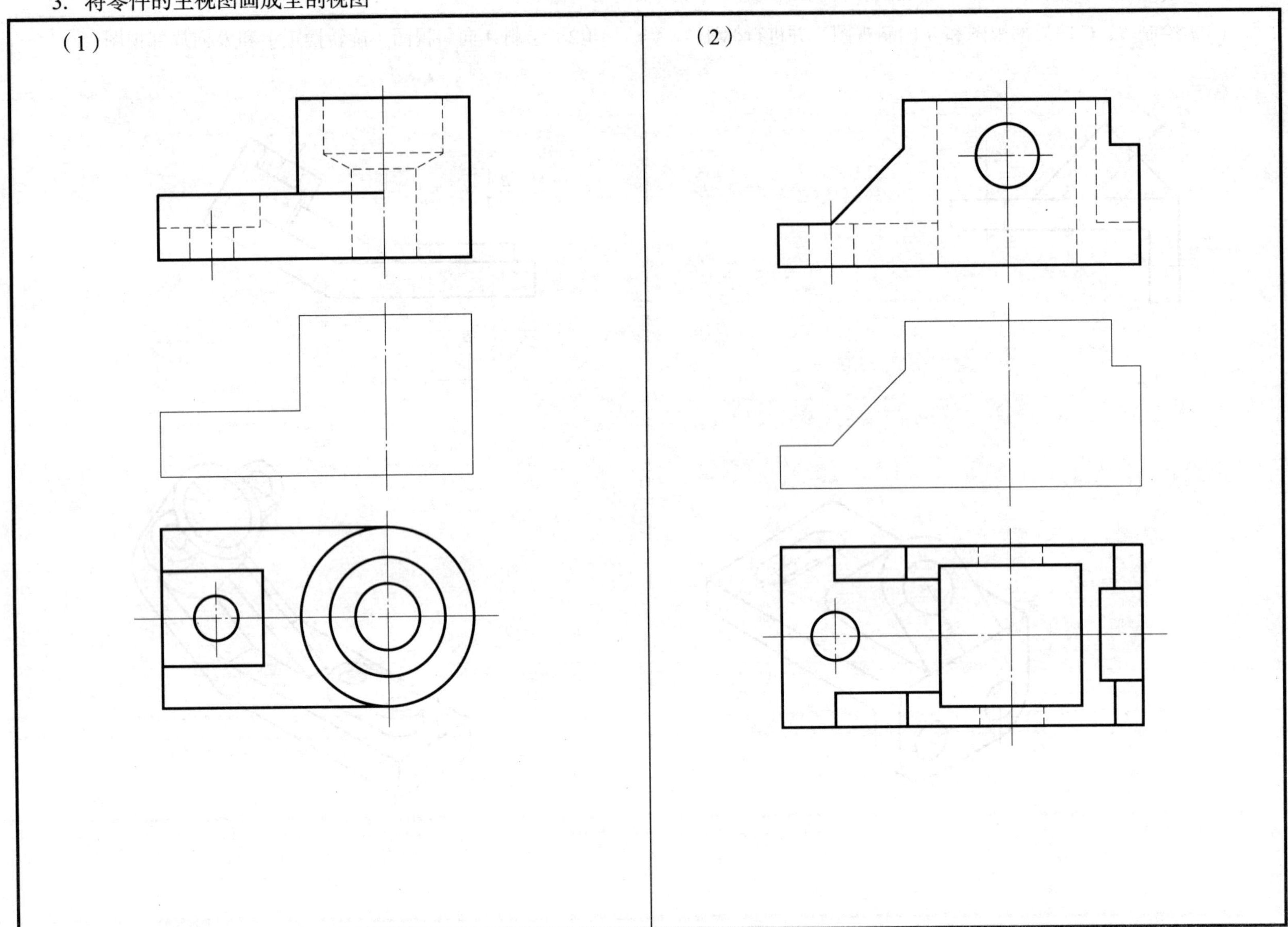

4. 将零件的主视图画成半剖视图

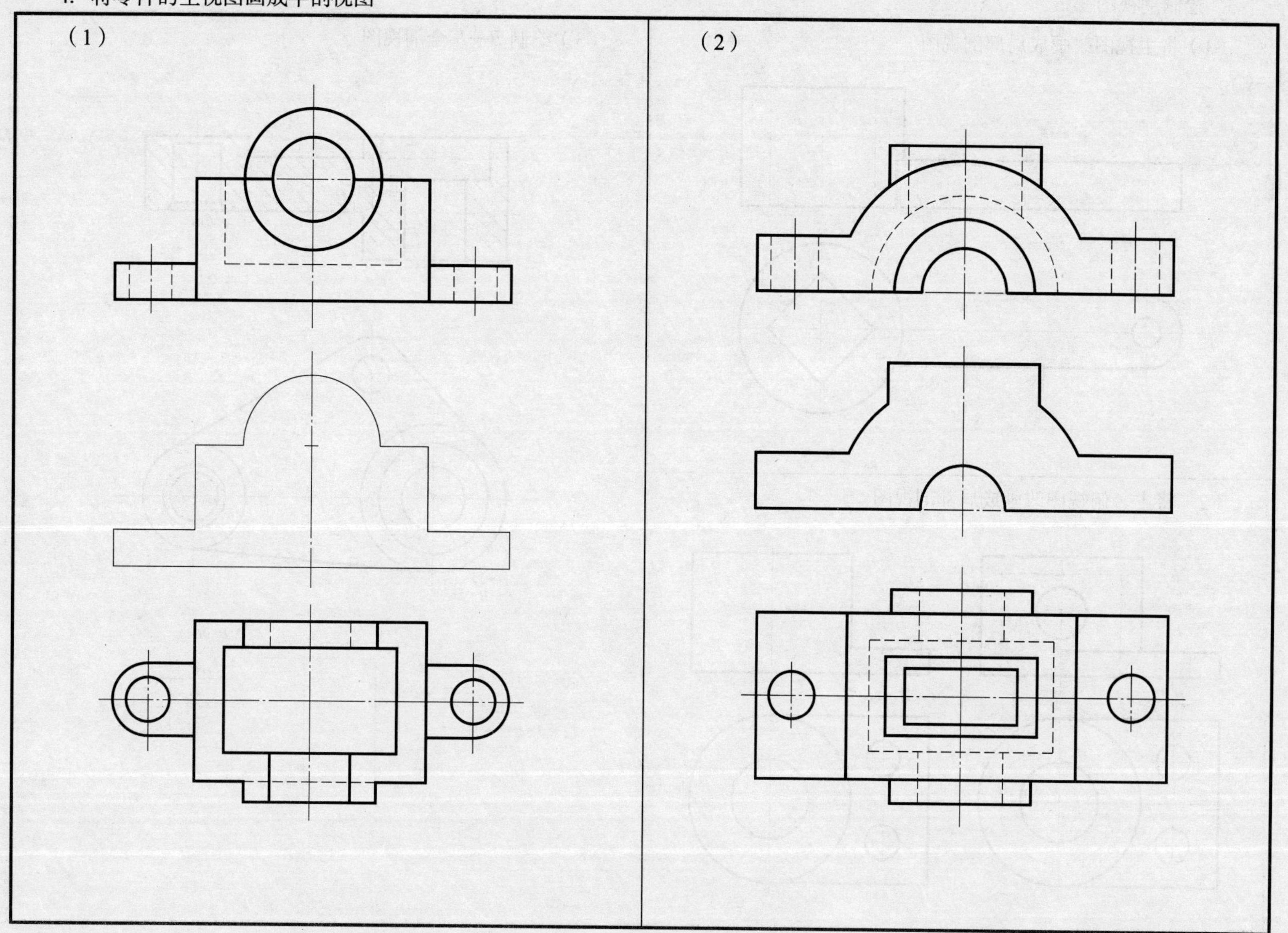

5. 绘制剖视图

（1）将主视图改画成局部剖视图

（2）将主、俯视图改画成局部剖视图

（3）绘制 *B*—*B* 全剖视图

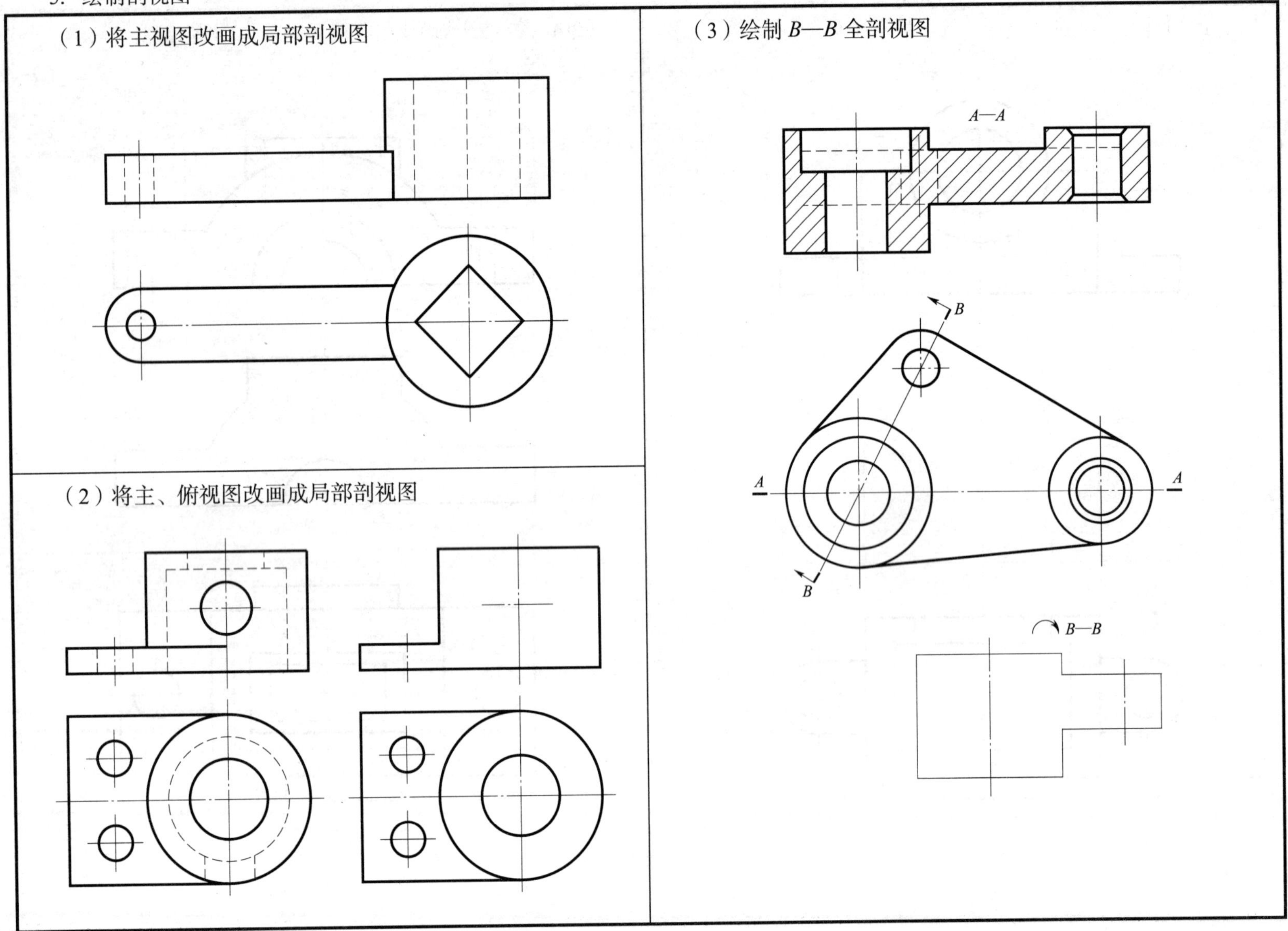

 班级 学号 姓名

6. 绘制剖视图

（1）将主视图改画成用平行剖切平面剖切的全剖视图
A—A
A
A
A
A
（2）将主视图改画成用两相交剖切平面剖切的全剖视图
A—A
A
A
A

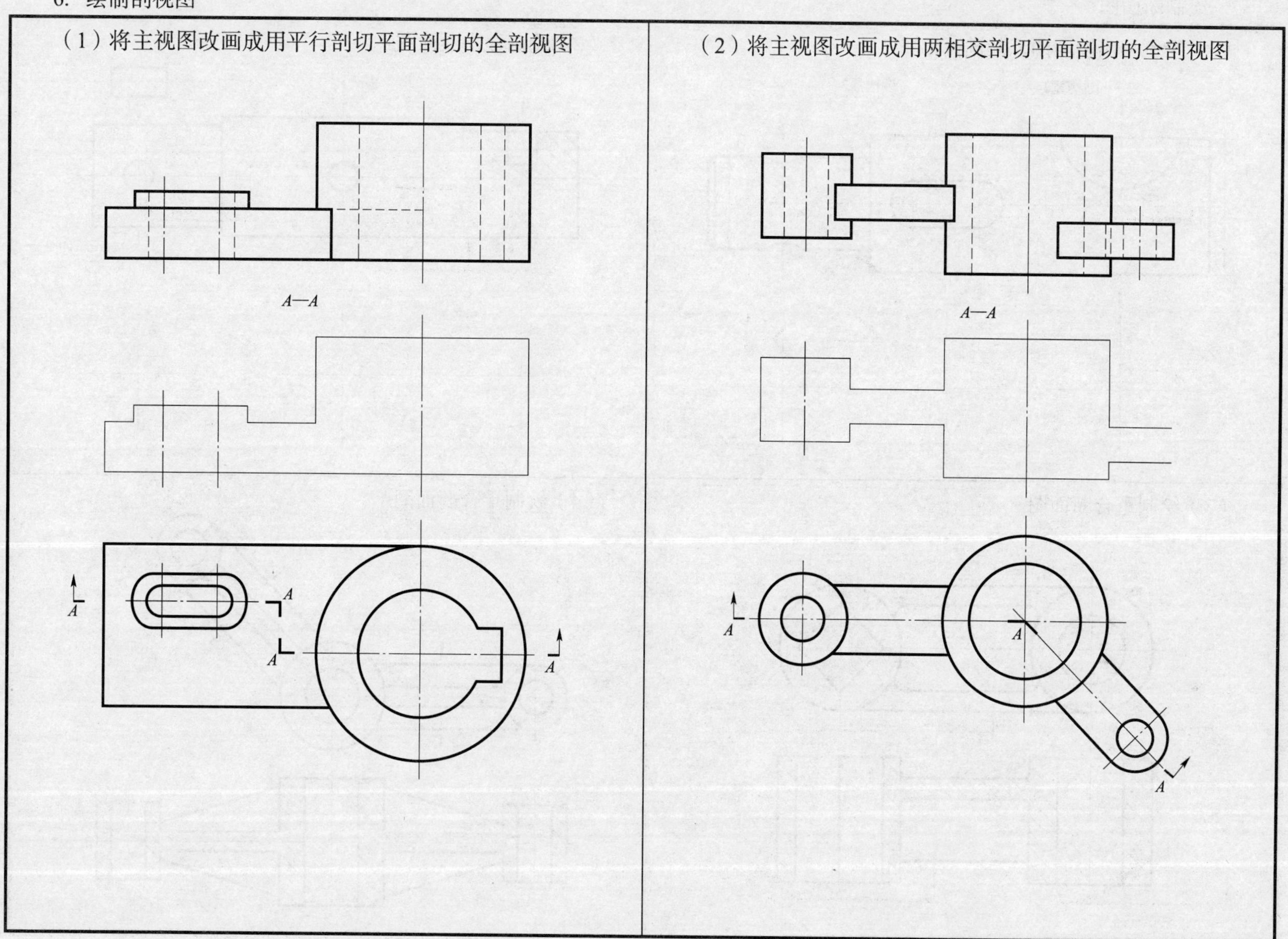

7. 绘制断面图

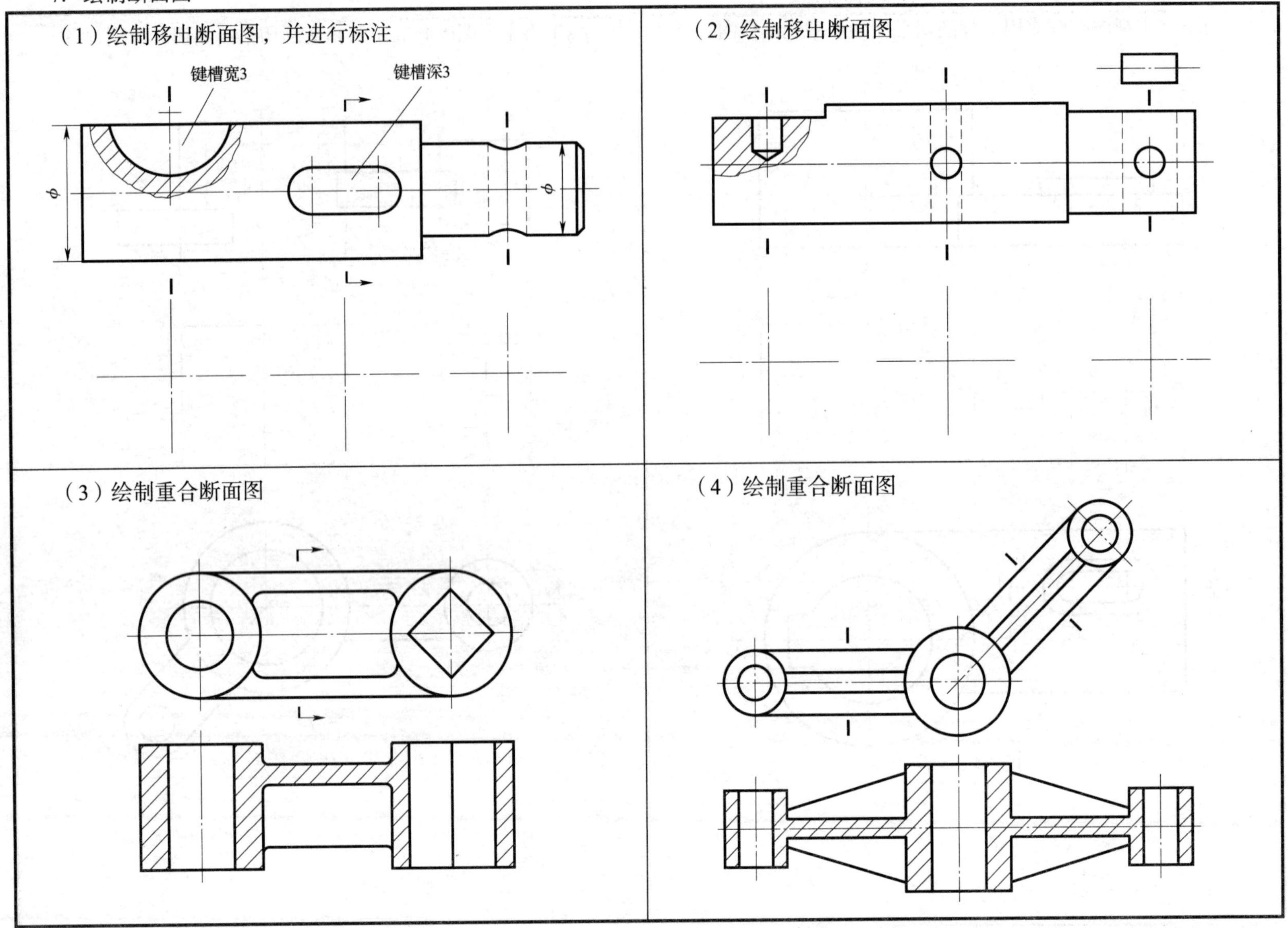

 班级 学号 姓名

8. 在指定位置绘制全剖视图（采用规定画法）

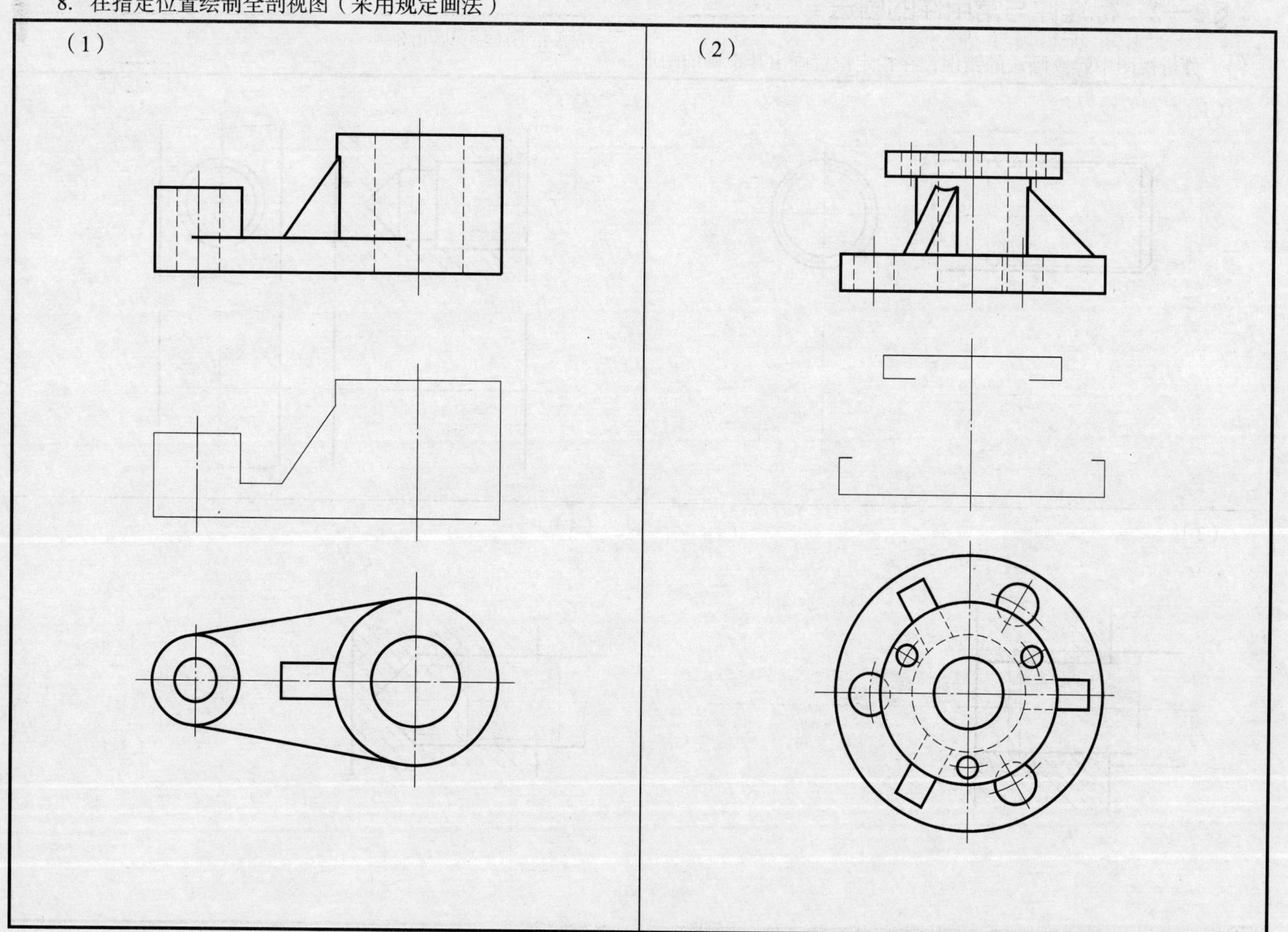

§2—2　标准件与常用件的画法

1. 分析视图中螺纹画法的错误，在指定位置画出其正确的图形

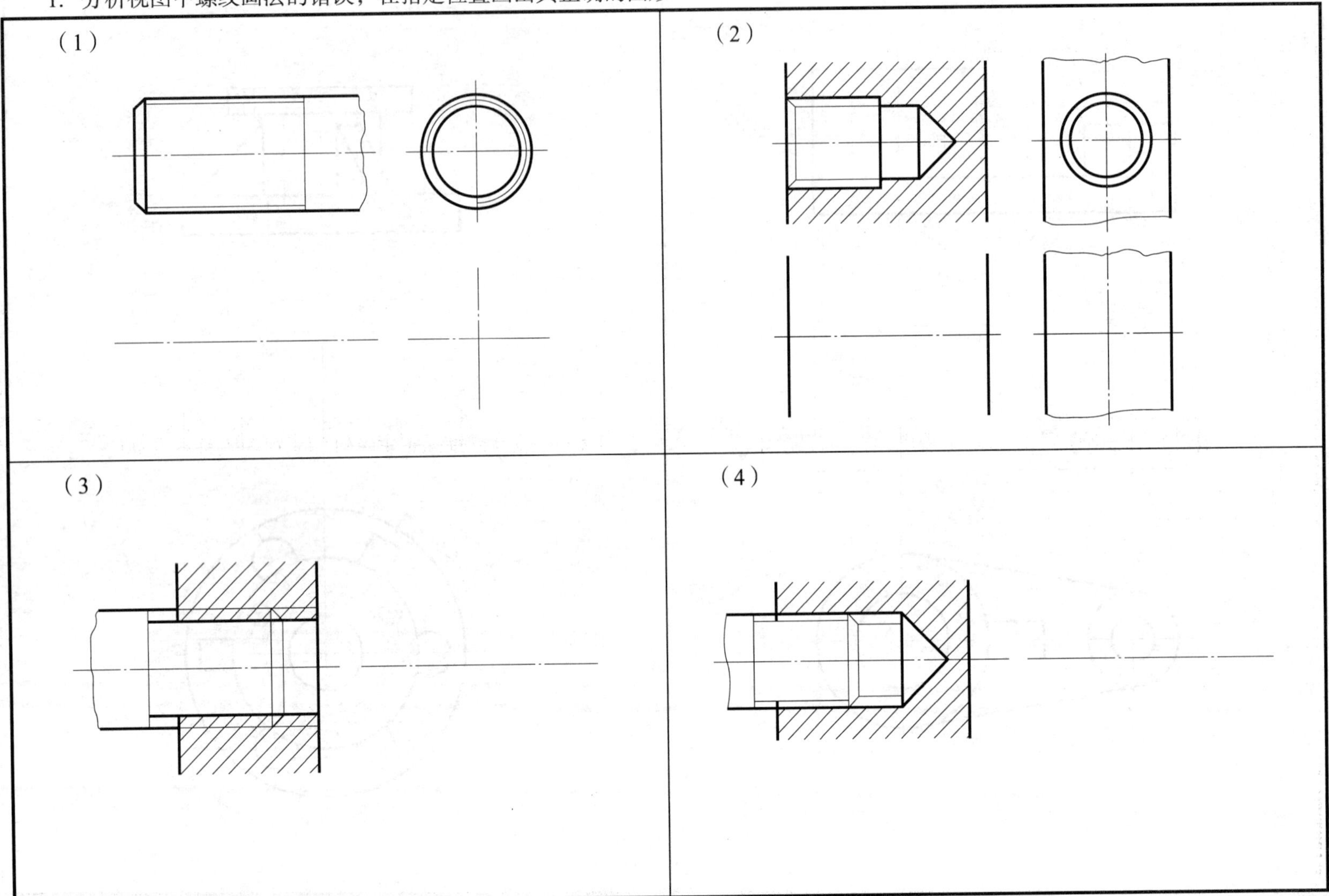

　　班级　　学号　　姓名

2. 补全螺纹紧固件的视图

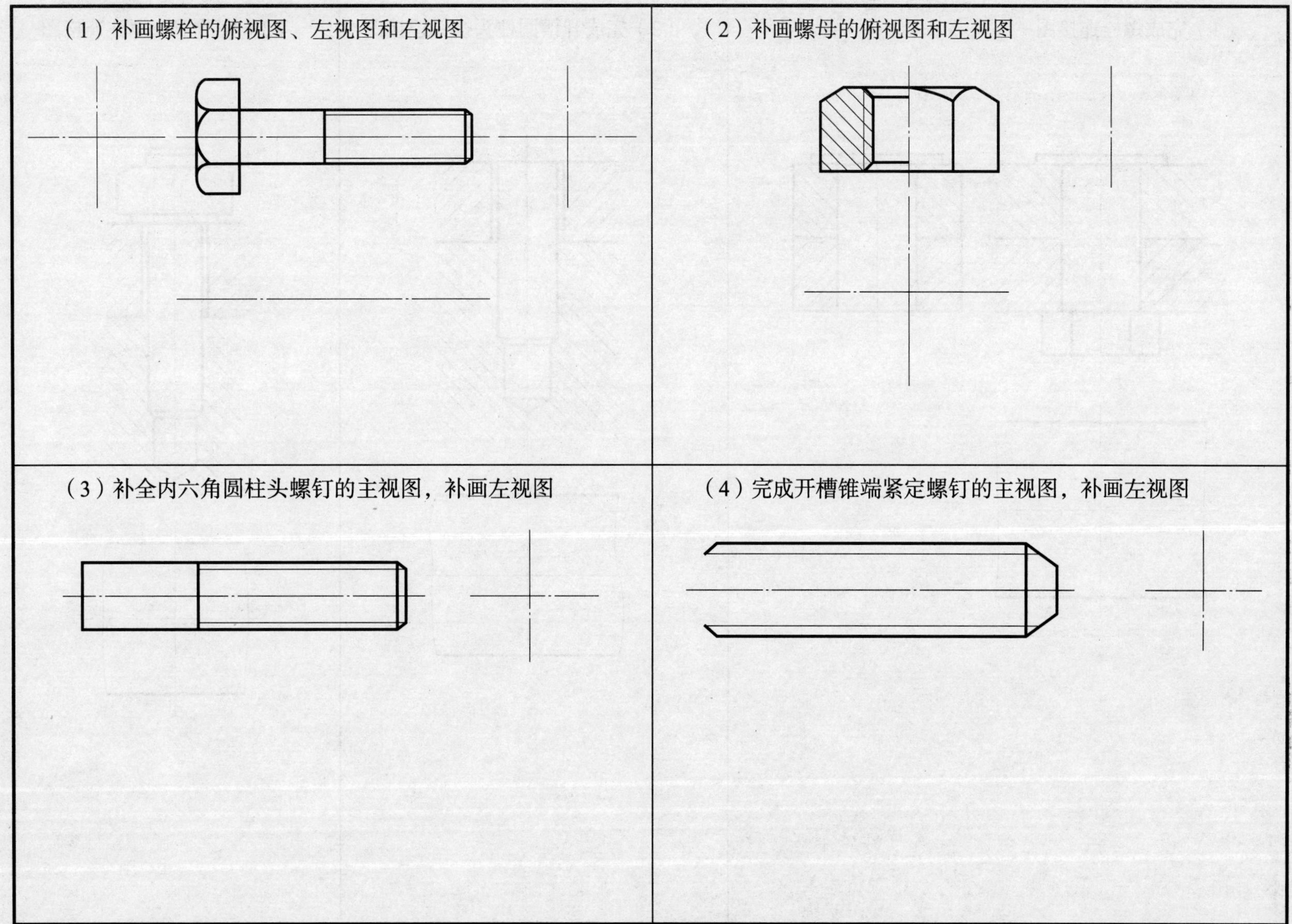

班级　　　　学号　　　　姓名

3. 完成螺纹连接图

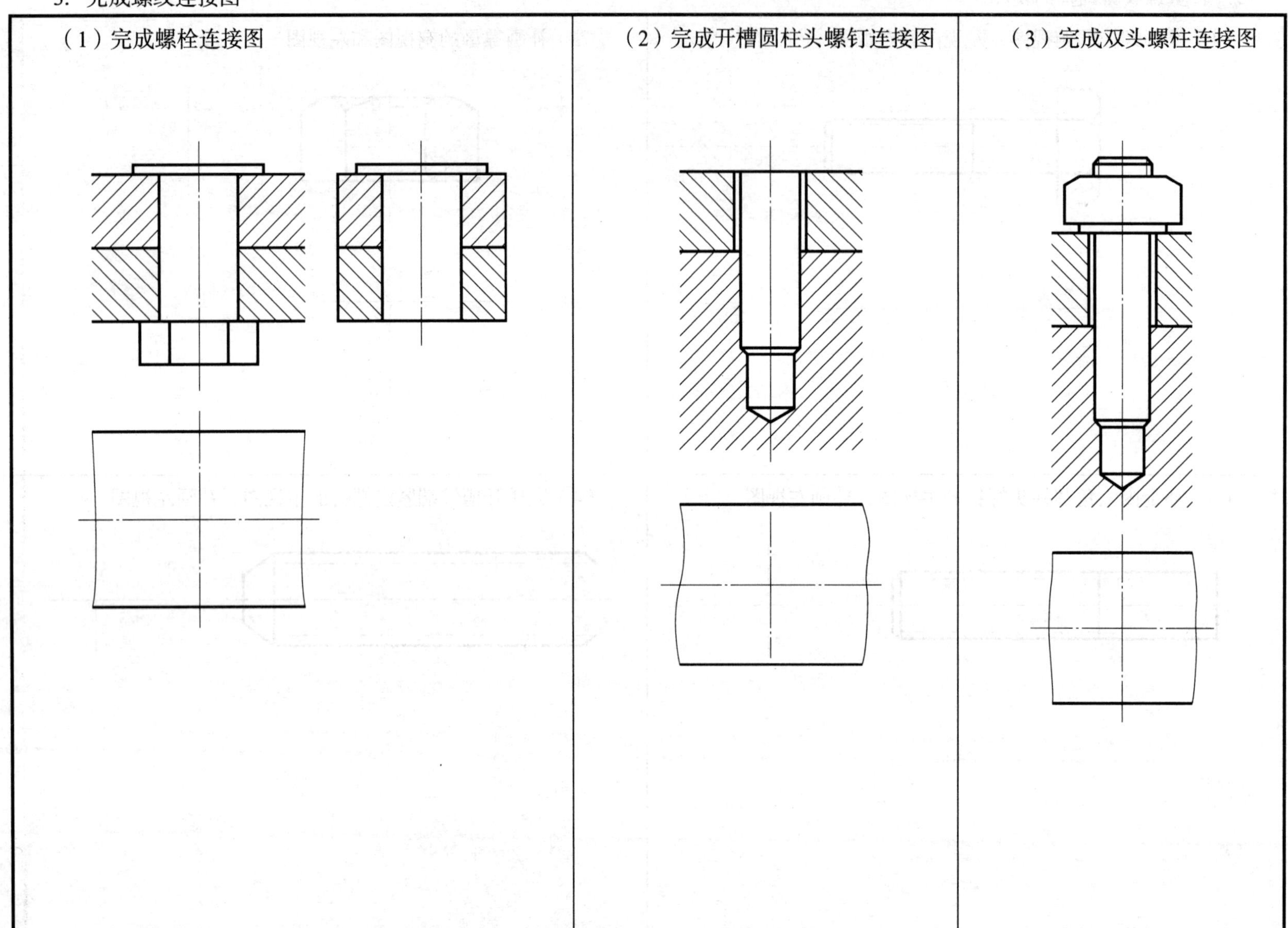

　　班级　　学号　　姓名

4. 绘制齿轮的视图

直齿圆柱齿轮的结构和齿坯尺寸如图所示，模数为 3.5 mm，齿数为 26，计算轮齿的有关尺寸，绘制完整的齿轮两视图。

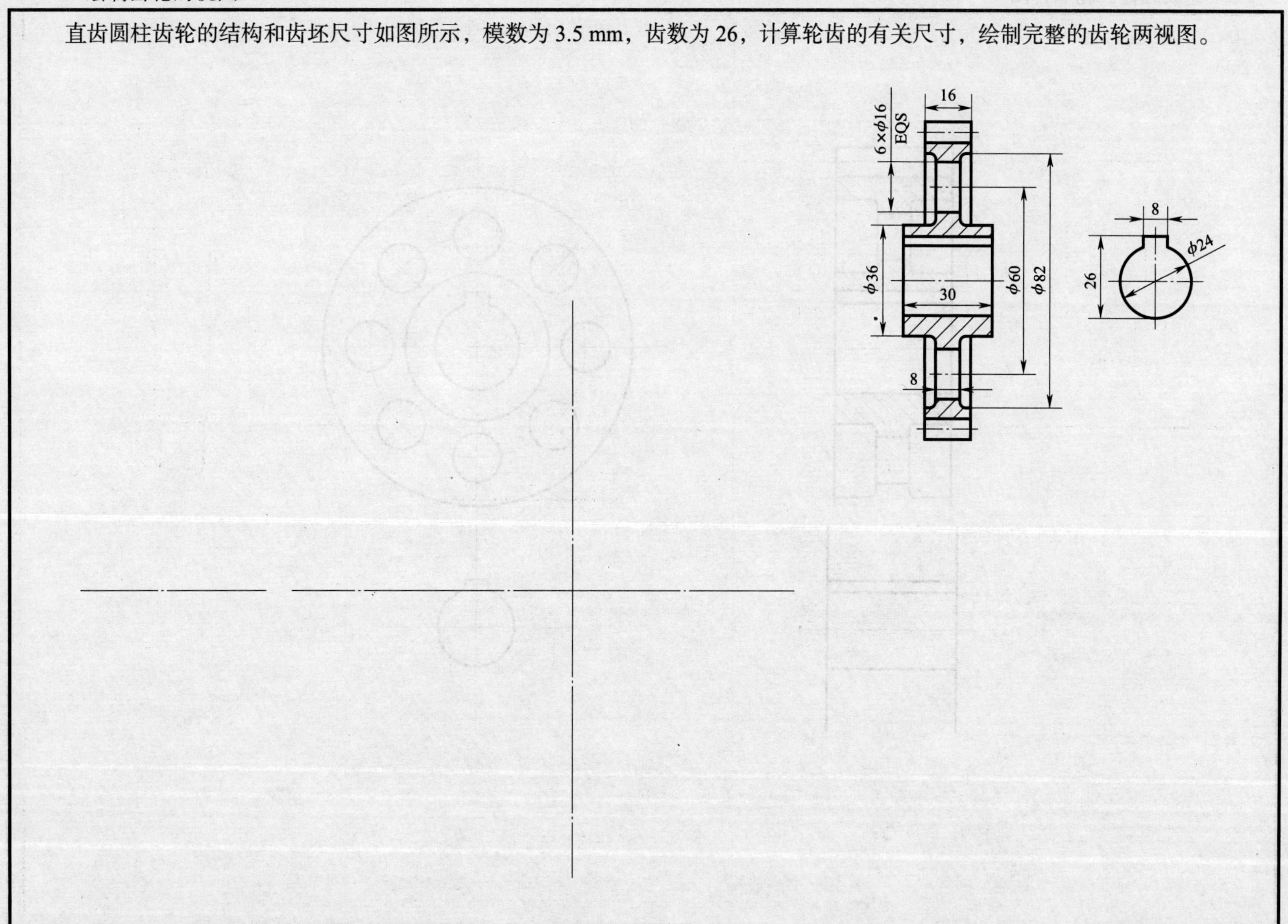

5. 完成圆柱齿轮啮合图

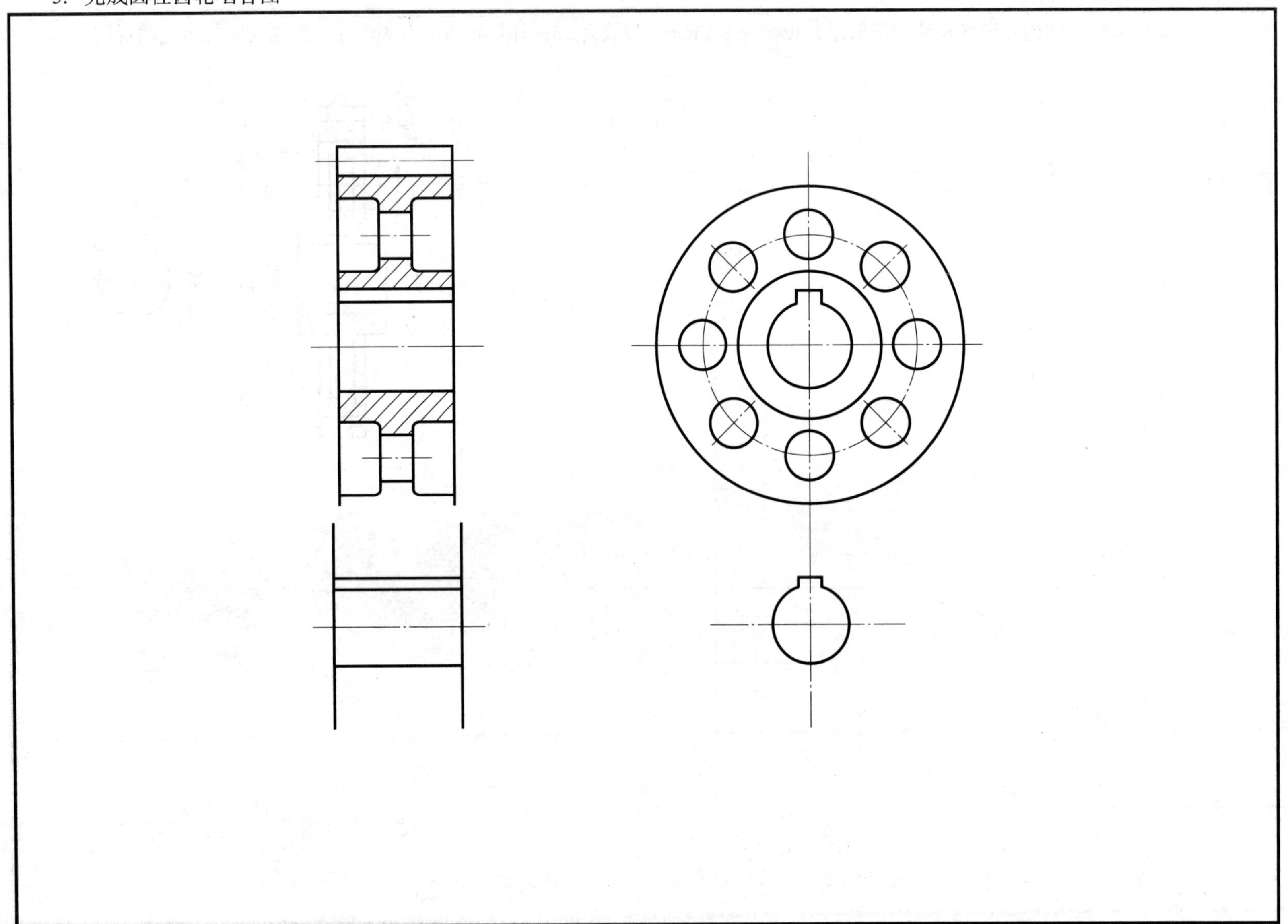

班级 学号 姓名

6. 补全锥齿轮啮合图

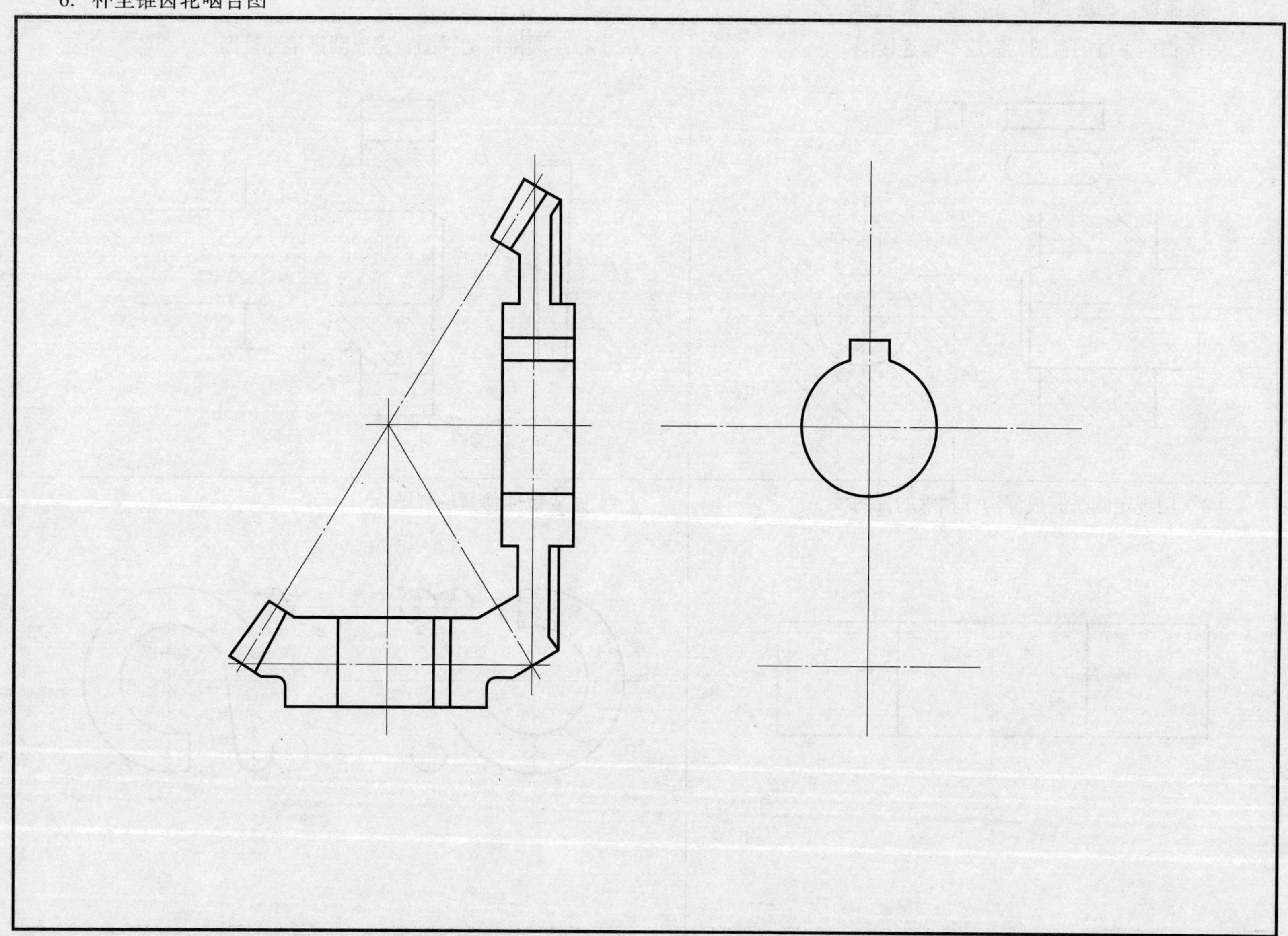

7. 绘制键、销连接图，绘制滚动轴承和弹簧

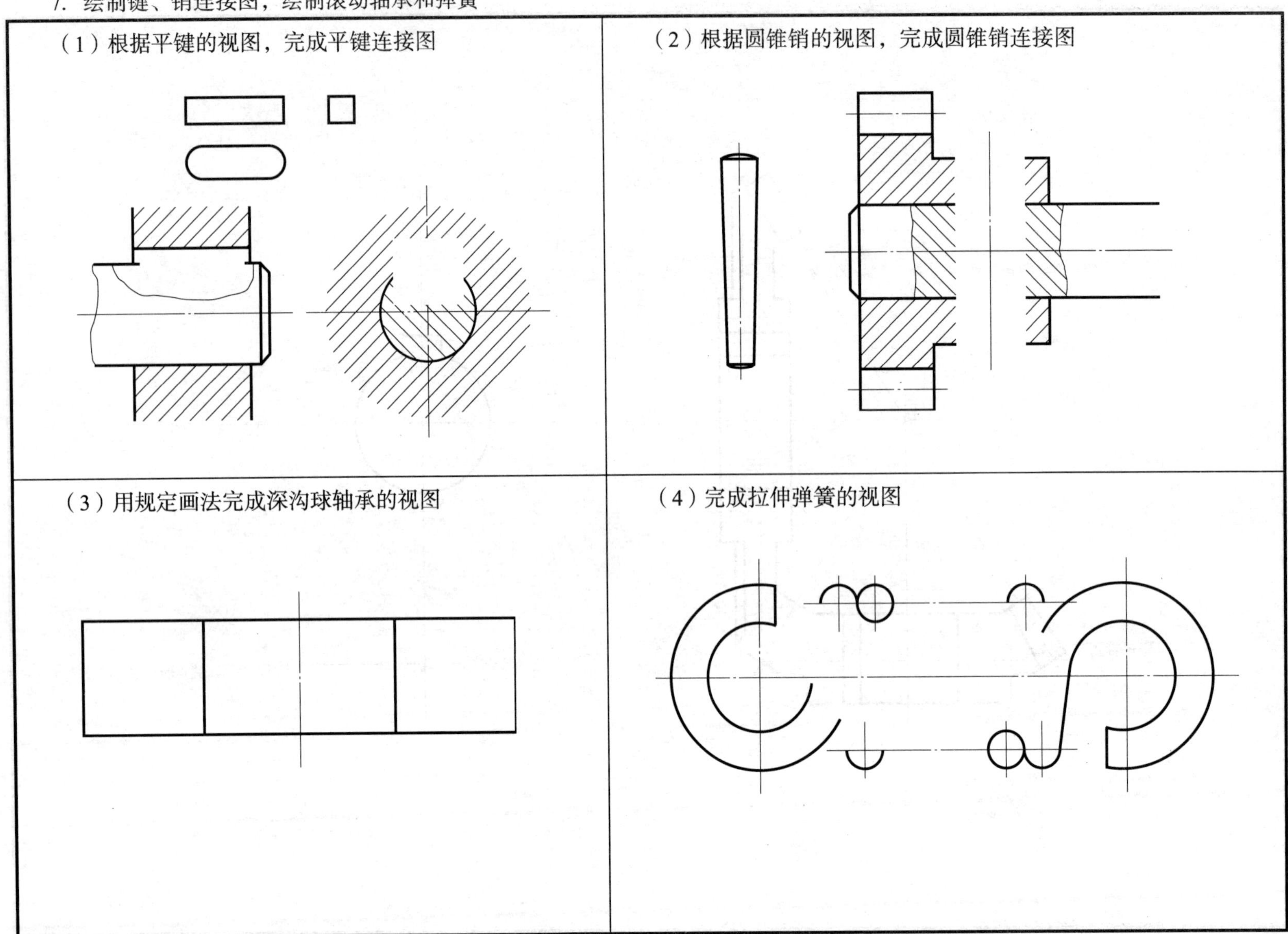

　　班级　　学号　　姓名

§2—3 零件图

1. 识读左轮胎螺栓零件图，回答问题

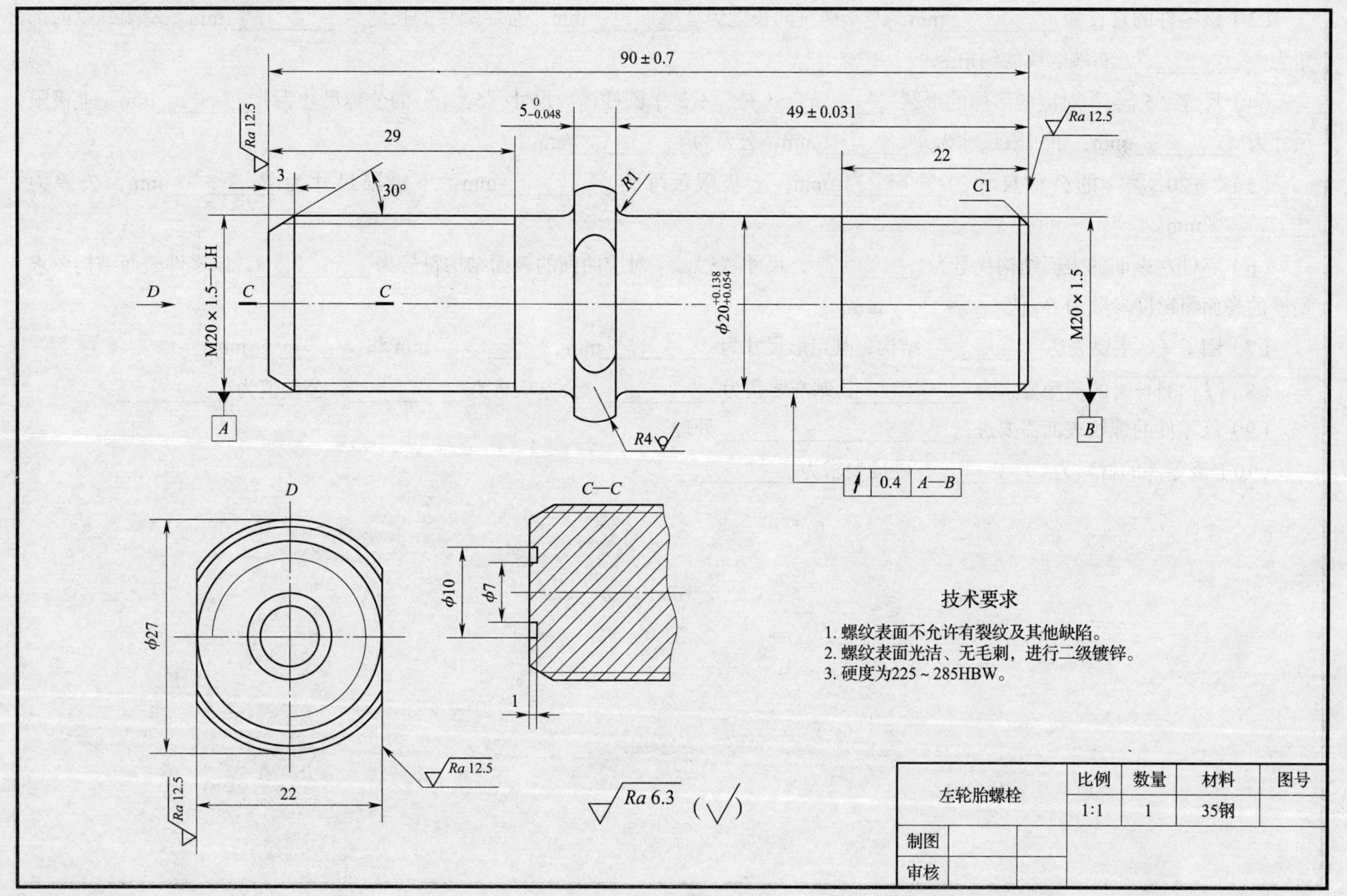

左轮胎螺栓		比例	数量	材料	图号
		1:1	1	35钢	
制图					
审核					

班级　　学号　　姓名

（1）该零件的名称是 ________，绘图比例是 ________。

（2）图样中共用了 ________ 个图形，它们分别是 ________、________ 和 ________。

（3）该零件的总长为 ________mm，左端螺纹的长度为 ________mm，右端螺纹的长度为 ________mm。左端螺纹的倒角为 ________°，右端螺纹的倒角为 ________°。

（4）尺寸“$5_{-0.048}^{\ 0}$”对应的形体的形状 ________（是、不是）圆柱体。尺寸“$5_{-0.048}^{\ 0}$”的公称尺寸为 ________mm，上极限尺寸为 ________mm，下极限尺寸为 ________mm，公差为 ________mm。

（5）“$\phi 20_{+0.054}^{+0.138}$”的公称尺寸为 ________mm，上极限尺寸为 ________mm，下极限尺寸为 ________mm，公差为 ________mm。

（6）零件左端面的表面结构代号为 ________，尺寸“$5_{-0.048}^{\ 0}$”对应曲面的表面结构符号为 ________，该零件表面结构要求最严的表面粗糙度参数为 *Ra* 值 ________μm。

（7）图 *C—C* 主要表达 ________ 结构，其定形尺寸为 ________mm、________mm 和 ________mm。

（8）| ↗ | 0.4 | *A—B* | 的被测要素为 ________，基准要素为 ________，公差项目为 ________，公差值为 ________。

（9）该零件的螺纹表面需要进行 ________________ 处理。

（10）该零件的材料为 ________，硬度要求为 ________。

　班级　　学号　　姓名

2. 识读牵引钩前支撑座零件图，回答问题

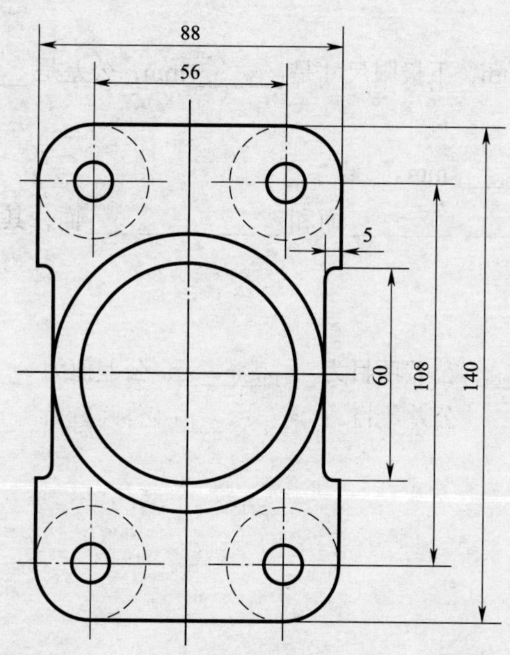

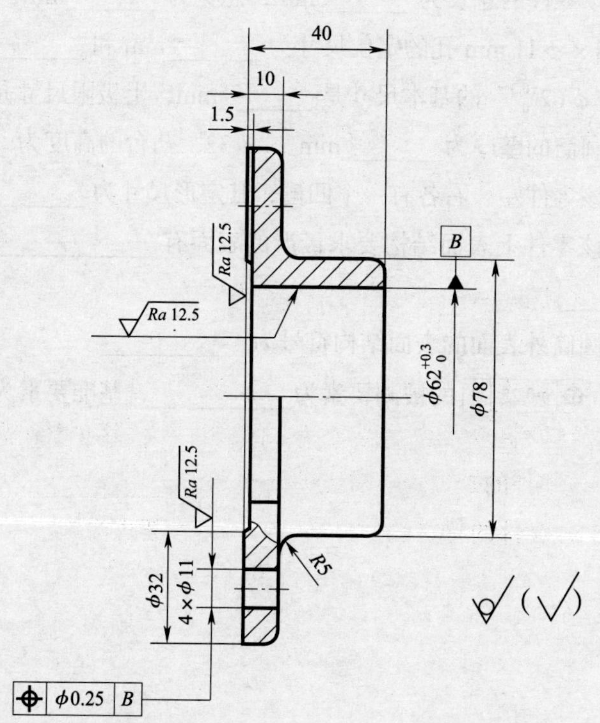

技术要求

1. 未注铸造圆角为R1.5～3。
2. 铸造起模斜度小于等于3°。

牵引钩前支撑座		比例	数量	材料	图号
		1:2	1	QT400	
制图					
审核					

（1）零件的名称是 ________________，材料为 ________。该零件图的绘图比例是 ___________。

（2）图样中共有 ______ 个图形，其中主视图采用 _________ 图，左视图采用 ________ 剖视图和 ________ 剖视图。

（3）该零件的总长为 ______mm，总宽为 ______mm，总高为 ______mm。

（4）$4\times\phi 11$ mm 孔的定位尺寸为 ______mm 和 ______mm。

（5）“$\phi 62^{+0.3}_{0}$” 的基本尺寸是 ______mm，上极限尺寸是 ______mm，下极限尺寸是 ______mm，公差是 ______mm。

（6）圆筒的壁厚为 ______mm。“$\phi 32$” 凸台的高度为 ______mm。

（7）该零件左、右各有一个凹槽，其定形尺寸为 ______mm 和 ______mm。

（8）该零件上表面结构要求最严的表面有 ____________ 面、____________ 面和 ____________ 面，其表面结构代号为 __________。

（9）圆筒外表面的表面结构符号为 __________。

（10）| ⌖ | ϕ0.25 | B | 的被测要素为 _________，基准要素为 _________，公差项目为 _________，公差值为 _________。

班级　　学号　　姓名

§2—4 装配图

1. 识读阀门装配图，回答问题

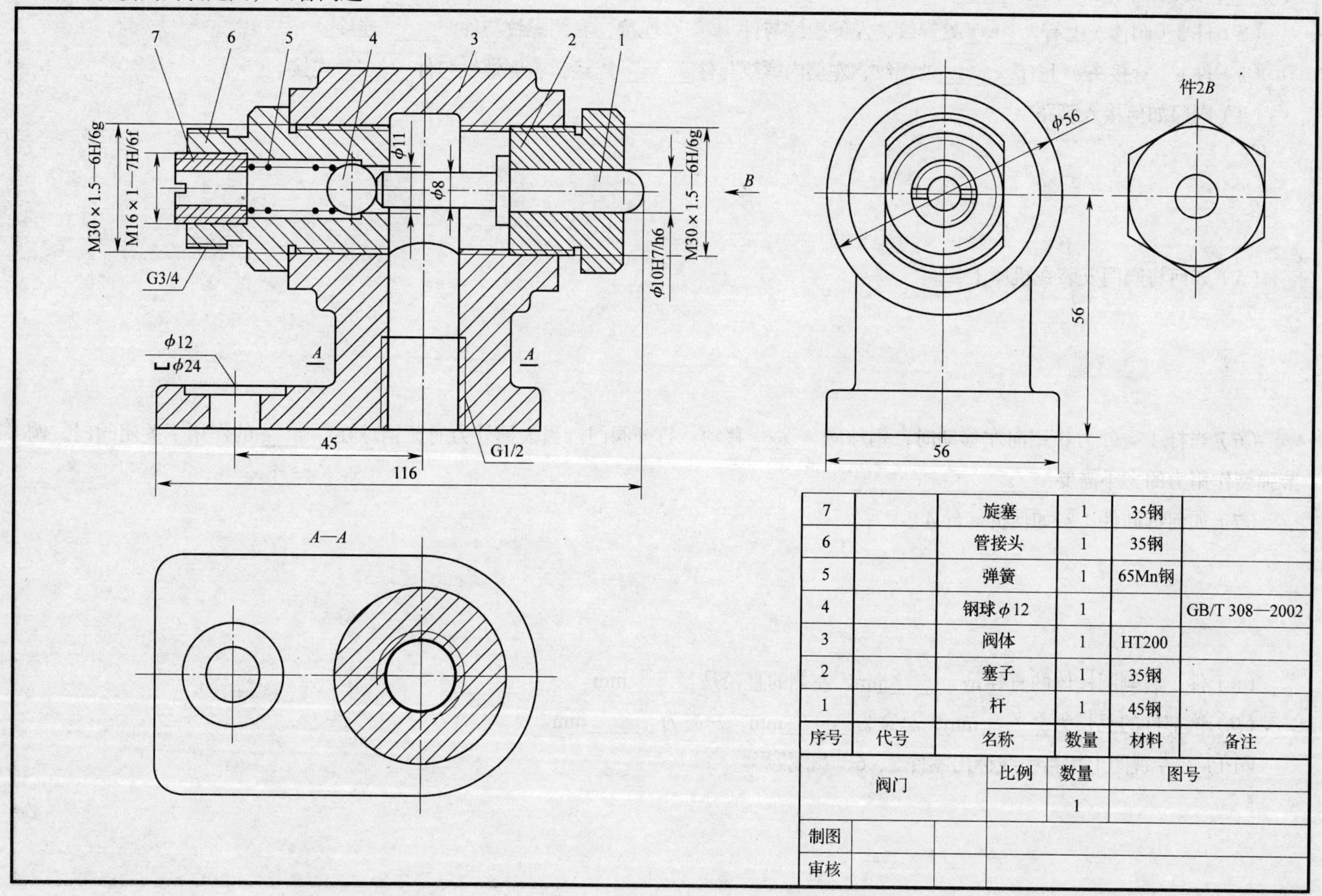

7		旋塞	1	35钢	
6		管接头	1	35钢	
5		弹簧	1	65Mn钢	
4		钢球ϕ12	1		GB/T 308—2002
3		阀体	1	HT200	
2		塞子	1	35钢	
1		杆	1	45钢	
序号	代号	名称	数量	材料	备注

阀门	比例	数量	图号
		1	
制图			
审核			

（1）表达该装配体共用了 ______ 个视图，分别为 ______ 视图、______ 视图、______ 视图和 ______ 视图。其中，主视图采用 ______ 剖视，俯视图采用 ______ 剖视。

（2）件 3（阀体）上有 ______ 处螺纹，左侧螺纹与件 ______ 连接，右侧螺纹与件 ______ 连接。

（3）件 6（管接头）上有 ______ 处螺纹，左侧内螺纹与件 ______ 连接，右侧螺纹与件 ______ 连接。

（4）阀门如何接入管路？

（5）如何将阀门安装在机座上？

（6）当杆 1 受外力作用向左移动时，钢球向 ______ 移动，打开阀门。当去掉外力时，钢球在 ______ 的作用下关闭阀门。调节弹簧作用力的大小需要 ________________。

（7）如何拆卸件 1？如何拆卸件 4？

（8）件 1 右侧圆柱体的直径是 ______mm，左侧的直径是 ______mm。

（9）该部件的总长为 ______mm，总宽为 ______mm，总高为 ______mm。

（10）在左视图上用指引线标出零件 3、6、7 的投影。

2. 识读活塞连杆装配图，回答问题

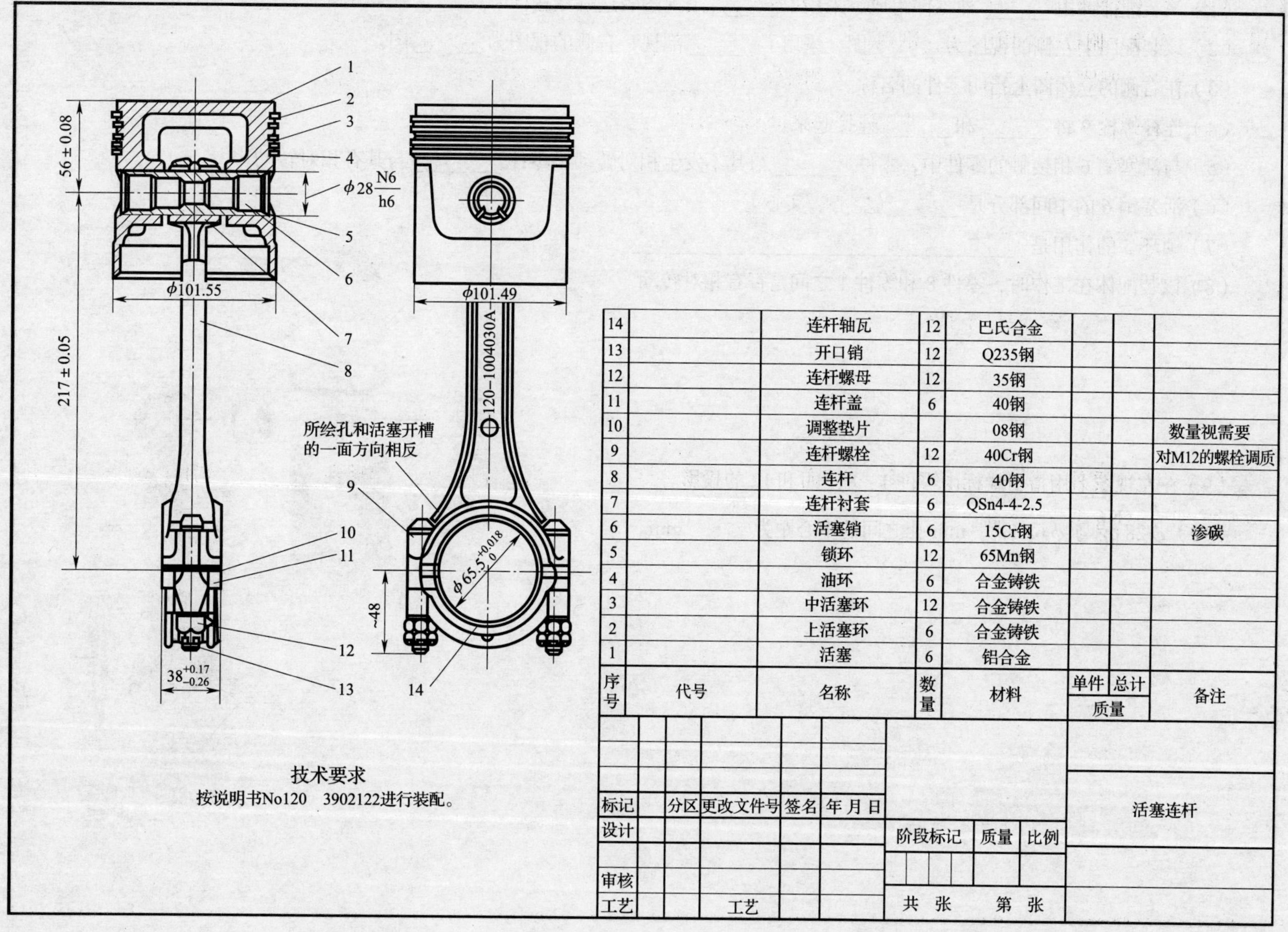

序号	代号	名称	数量	材料	单件质量	总计质量	备注
14		连杆轴瓦	12	巴氏合金			
13		开口销	12	Q235钢			
12		连杆螺母	12	35钢			
11		连杆盖	6	40钢			
10		调整垫片		08钢			数量视需要
9		连杆螺栓	12	40Cr钢			对M12的螺栓调质
8		连杆	6	40钢			
7		连杆衬套	6	QSn4-4-2.5			
6		活塞销	6	15Cr钢			渗碳
5		锁环	12	65Mn钢			
4		油环	6	合金铸铁			
3		中活塞环	12	合金铸铁			
2		上活塞环	6	合金铸铁			
1		活塞	6	铝合金			

标记	分区	更改文件号	签名	年 月 日		活塞连杆
设计					阶段标记 质量 比例	
审核						
工艺		工艺			共 张 第 张	

（1）该装配体共由 ______ 种零件组成，采用了 ______ 个视图表达其结构。

（2）该装配图上左侧的视图为 ______ 图，采用了 ______ 剖视；右侧的视图为 ______ 图。

（3）在右侧的立体图上指明零件的名称。

（4）连杆螺栓 9 将 ______ 和 ______ 连接起来。

（5）与活塞销 6 相接触的零件中，零件 _______ 与其不发生相对转动，零件 ________ 与其有相对转动。

（6）活塞销 6 的中间部分是 ______（空心、实心）。

（7）锁环 5 的作用是 ____。

（8）该装配体在工作时，零件 8 和零件 1 之间是否有相对转动?

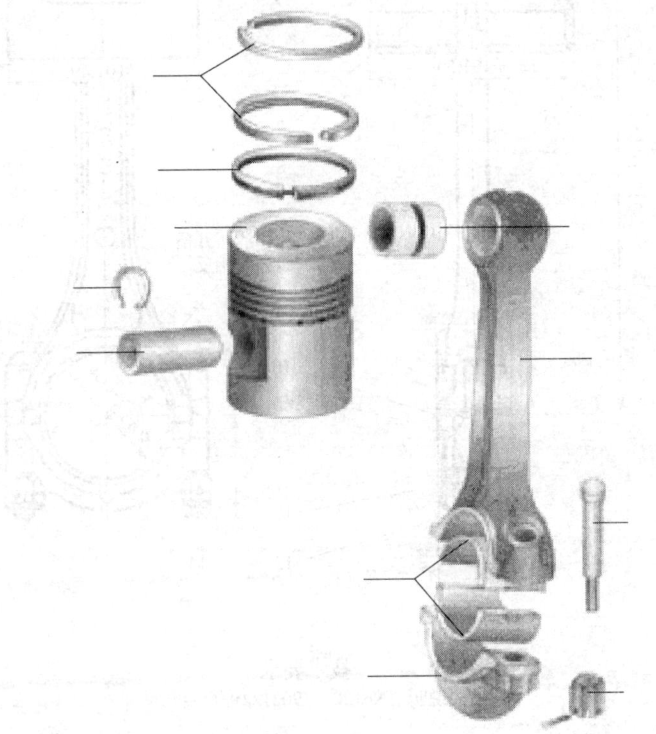

（9）在左视图上用指引线标出零件 1、8、11 和 12 的投影。

（10）$\phi 28\frac{N6}{h6}$与 $\phi 65.5^{+0.018}_{0}$ mm 孔之间的中心距为 ______mm。

第三章　汽车电路图识读基础

§3—1　概述

一、填空题（请将正确答案填在横线空白处）

1. 汽车电路主要由＿＿＿＿＿、＿＿＿＿＿、＿＿＿＿＿和用电设备及导线组成。

2. 汽车电路一般有＿＿＿＿＿和＿＿＿＿＿两个电源。主要用于保证＿＿＿＿＿和＿＿＿＿＿在不同情况下的正常工作。

3. 电源的负极与车体连接，则称为＿＿＿＿＿。

4. 实现网络控制主要是引入了＿＿＿＿＿。它连接着特定部位的传感器，每个传感器提供一路信号。

二、选择题（请在下列选项中选择一个正确答案并填在括号内）

1. 目前，汽车电气系统的标称电压有（　　）两种。

A. 6 V 和 12 V　　B. 12 V 和 24 V

C. 24 V 和 48 V　　D. 220 V 和 380 V

2. 为了确保各用电器能独立工作，互不干扰，汽车上的电源和所有用电设备均采用（　　）方式连接。

A. 并联　　B. 串联

3. 下列属于电子控制器件的是（　　）。

A. 手动开关　　B. 压力开关

C. 发动机电控单元

4. 采用（　　）方式时，电源的一个电极接到车体上，称为“搭铁”。

A. 单线制　　B. 双线制

C. 多线制

三、简答题

1. 什么是单线制？

2. 汽车全车电路一般由哪几个相对独立的分系统组成？

3. 什么是汽车电路图？

4. 识读图 3—1 所示简单汽车电源、起动、充电、点火、仪表和喇叭系统电路图，并回答下列问题。

（1）在图 3—1 中，蓄电池和交流发电机是怎样连接的？

（2）在图 3—1 中，展示了简单汽车电路的哪几个相对独立的分系统？

（3）在图 3—1 中，水温传感器电路、油压传感器电路、燃油传感器电路和喇叭电路是采用什么连接方式确保其各自独立工作的？

（4）根据表中项目分类要求，写出图 3—1 中相应电器的名称。

项目	图中电器名称
电源	
电路保护装置	
控制器件（列举 3 例）	
用电设备（列举 2 例）	

班级　　　学号　　　姓名

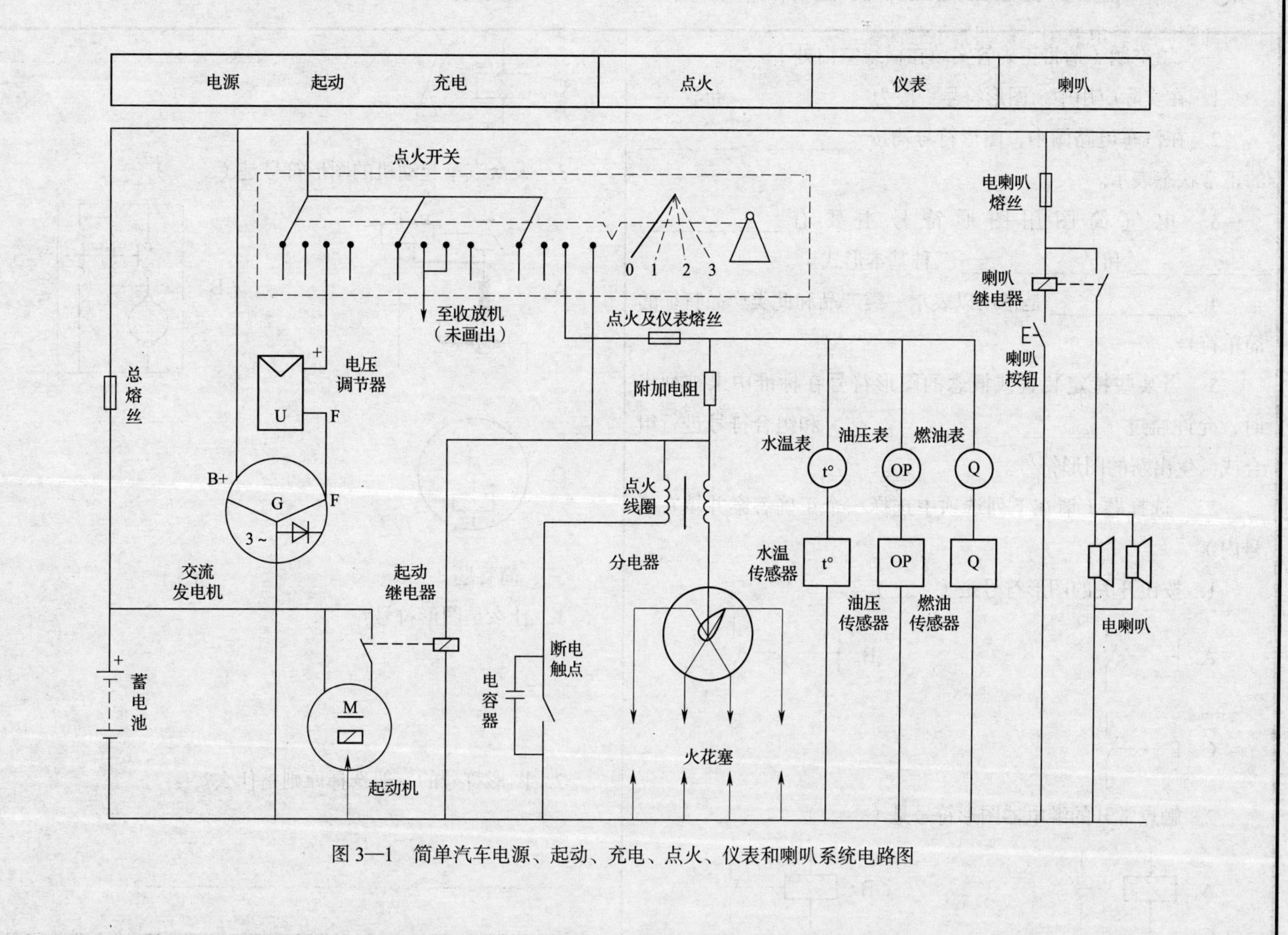

图 3—1　简单汽车电源、起动、充电、点火、仪表和喇叭系统电路图

班级　　　　学号　　　　姓名

§3—2 汽车电路图用图形符号

一、填空题（请将正确答案填在横线空白处）

1. 在实际应用中，图形符号一般为__________布置。

2. 在汽车电路图中，图形符号均按__________、__________的正常状态表示。

3. 电气简图用图形符号主要有__________、__________和__________三种基本形式。

4. __________是指用以表示一类产品和此类产品特征的简单符号。

5. 当某些特定装置或概念的图形符号在标准中未被列出时，允许通过__________、__________和组合符号进行组合或派生出新的图形符号。

二、选择题（请在下列选项中选择一个正确答案并填在括号内）

1. 按钮开关的图形符号是（　　）。

A.　　B.

C.

2. 触点常开的继电器图形符号是（　　）。

A.　　B.

C. 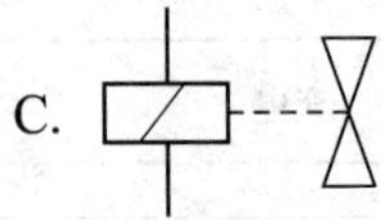

3. 大众汽车起动机的图形符号是（　　）。

A. 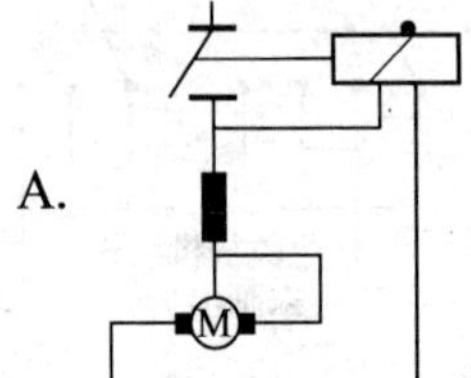

B. 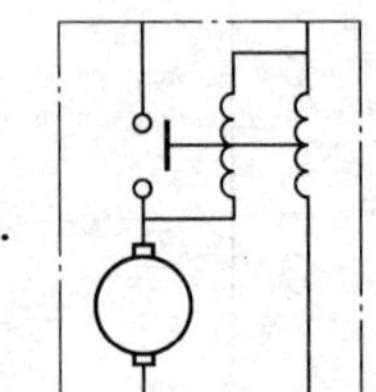

C. 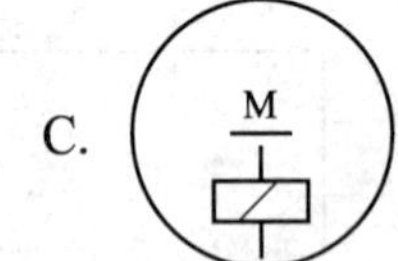

三、简答题

1. 什么是图形符号？

2. 图形符号的一般选择原则是什么？

3. 识别图 3—1 简单汽车电路图中的图形符号，并回答下列问题。

（1）在图 3—1 中，点火开关、起动继电器、喇叭按钮和喇叭继电器的图形符号都表示在什么状态？

（2）在图 3—1 中，下列图形符号是由哪些图形符号组合而成的？

1）动合（常开）触点继电器的图形符号

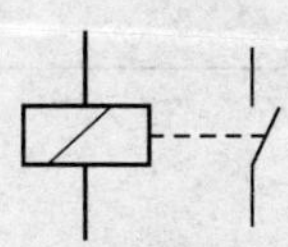

2）按钮开关的图形符号

E

3）起动机（带电磁开关）的图形符号

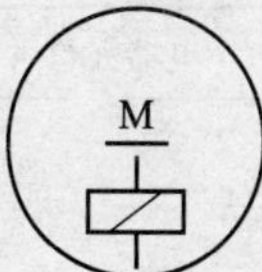

4）整体式交流发电机的图形符号

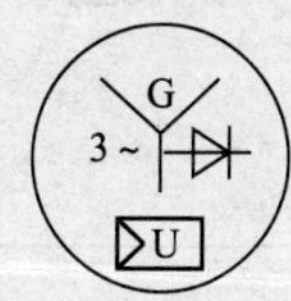

（3）在图 3—1 中，哪个图形符号明显是按水平布置的？

（4）从图 3—1 中摘画出下表中电器元件的图形符号。

电器元件	图形符号	电器元件	图形符号	电器元件	图形符号
蓄电池		起动机		分电器	
交流发电机		点火线圈		电喇叭	
熔丝		喇叭按钮		电容器	
起动继电器		火花塞		附加电阻	

§3—3 汽车电路图用文字符号

一、填空题（请将正确答案填在横线空白处）

1. 文字符号分为 ____________ 和 ____________ 两大类。

2. 双字母文字符号的组合方式是：____________ 符号在前，另一个字母在后。

3. 辅助文字符号一般放在表示种类的 ____________ 文字符号的后边组成双字母文字符号。

二、选择题（请在下列选项中选择一个正确答案并填在括号内）

1. 基本文字符号的选用规则是优先选用（　　）文字符号。

A. 单字母　　B. 双字母

C. 辅助　　D. 基本

2. “OFF”和“ON”是（　　）文字符号。

A. 单字母　　B. 双字母

C. 辅助　　D. 基本

3.（　　）文字符号是指用以表示电气设备、装置、元器件以及线路的功能、状态和特征的文字符号。

A. 单字母　　B. 双字母

C. 辅助　　D. 基本

4. “防抱死制动系统”的缩略语是（　　）。

A. ABS　　B. CPU

C. A/T　　D. STP

5. 当辅助文字符号是由两个以上的字母组成时，为简化文字符号，只允许采用辅助文字符号中的（　　）字母进行组合。

A. 第一个　　B. 第二个

C. 前两个　　D. 前三个

三、简答题

1. 写出下表中图形符号中的文字符号所表示的含义。

图形符号	文字符号	含义
Ⓐ	A	
U	U	
Ⓜ	M	
G 3~	G	

2. 基本文字符号的选用规则是什么?

3. 识读图 3—2 所示倒车蜂鸣器电路图中的文字符号，并按要求回答下列问题。

（1）在下表中写出图 3—2 中文字符号所表示的含义。

文字符号	含义
C	
R	
V	
L	

（2）在图 3—2 中，文字符号的主要作用是什么?

（3）在图 3—2 中，文字符号后面的数字序号有什么含义?

（4）在图 3—2 中，“3A31A”是文字符号吗？它表示什么含义?

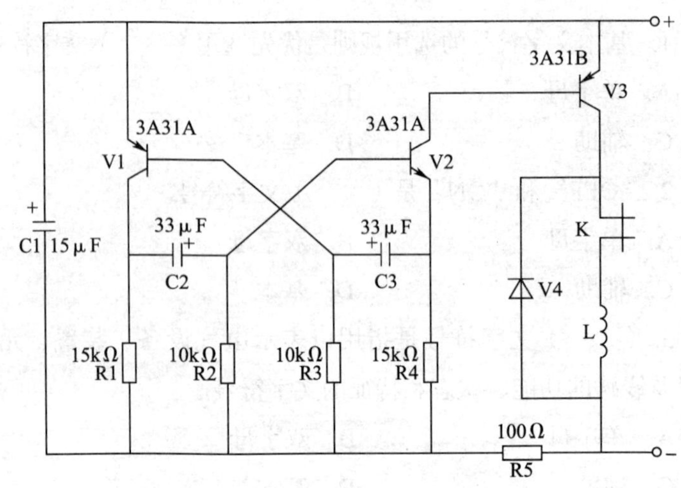

图 3—2 倒车蜂鸣器电路图

§3—4 汽车电路图用项目代号

一、填空题（请将正确答案填在横线空白处）

1. ____________是指用以识别图、图表和表格中以及设备上的项目种类，并提供项目的层次关系和实际位置等信息的一种特定代码。

2. 汽车电气文件中的项目代号主要由____________、____________和____________组成。

3. 种类代号是指用于识别____________的代号，主要有____________和____________两种表示方法。

4. 汽车电路图中的端子代号一般比较简单，常用____________表示；还可用____________表示，特殊情况还可用____________表示。

二、选择题（请在下列选项中选择一个正确答案并填在括号内）

1. 表示项目在组件、设备或系统中实际位置的代号称为（　　）。

A. 种类代号　　B. 位置代号

C. 端子代号

2. 德国大众 / 奥迪汽车电器点火开关在“ON”“ST”时有电的接线端常用（　　）端子标志。

A. 15　　B. 30

C. 31

三、简答题

1. 识读图 3—3 所示有触点电子点火系统电路图中的项目代号，并回答下列问题。

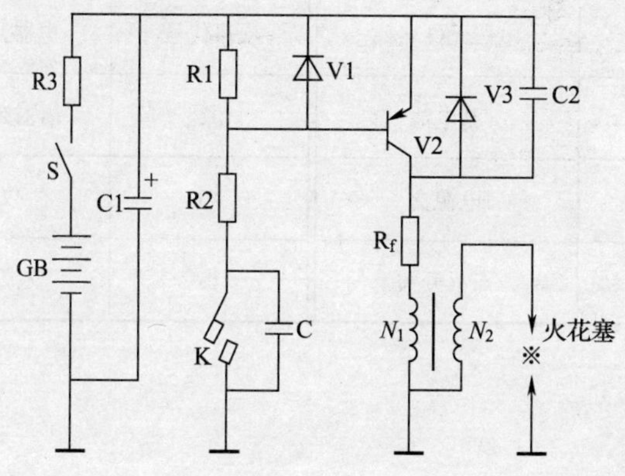

图 3—3　有触点电子点火系统电路图

（1）在图 3—3 中，项目代号是用哪一部分表示的？

（2）在图 3—3 中，种类代号是用哪一种表示方法表示的？

2. 识读图 3—4 所示富康充电和起动系统电路图，并回答下列问题。

（1）根据表格信息在图 3—4 中补写出项目代号所对应的电器元件的名称。

项目代号	电器元件名称	项目代号	电器元件名称
35	蓄电池	52	内接熔丝盒
50	电源盒	40	仪表板
300	点火开关	15	交流发电机

（2）在图 3—4 中，项目代号是用什么方法表示的？它和图 3—3 中的表示方法有何不同之处？

3. 图 3—5 所示福田欧曼汽车驾驶室内控制器组件布置图中的位置代号采用了什么表示形式？

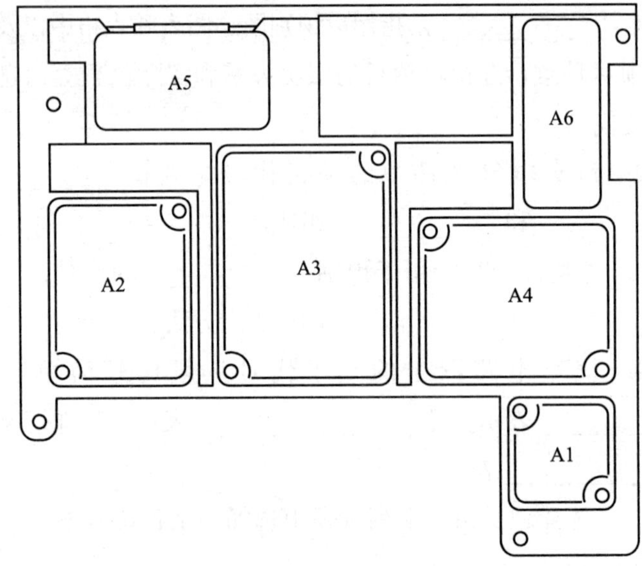

图 3—5　福田欧曼汽车驾驶室内控制器组件布置图

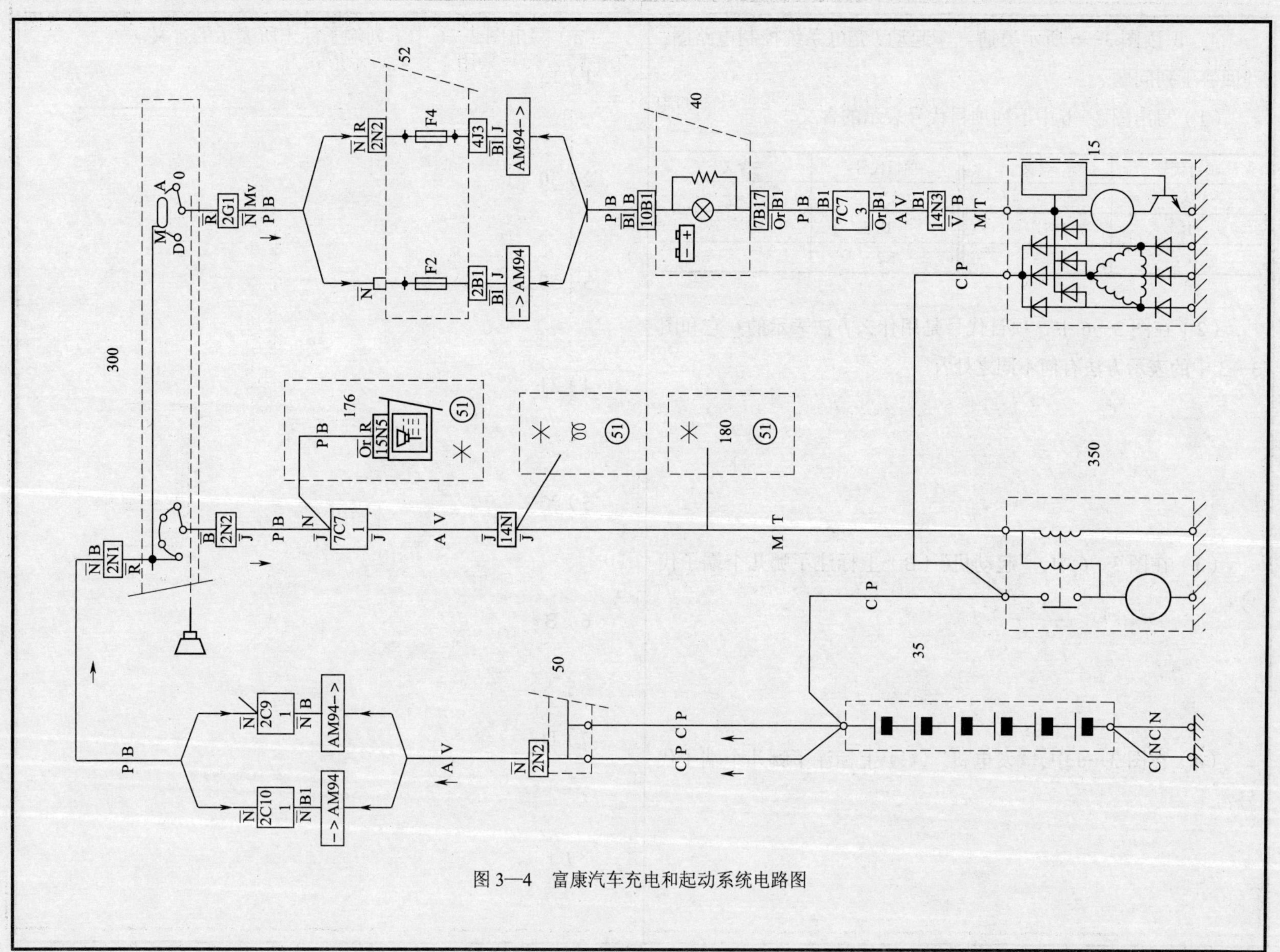

图 3—4　富康汽车充电和起动系统电路图

4. 识读图 3—6 所示奥迪汽车起动 / 充电系统控制电路图，并回答下列问题。

（1）写出图 3—6 中下列项目代号表示的含义。

项目代号	含义	项目代号	含义
A		C1	
B		D	
C		K2	

（2）在图 3—6 中，项目代号是用什么方法表示的？它和图 3—3 中的表示方法有何不同之处？

（3）在图 3—6 中，“起动机”（B）上标注了哪几个端子代号？

（4）在图 3—6 中，“发电机”（C）上标注了哪几个端子代号？

（5）写出图 3—6 中下列端子标志所表示的含义。

1）15

2）30

3）50

4）31

5）X

6）B+

7）D+

8）+

班级　　学号　　姓名

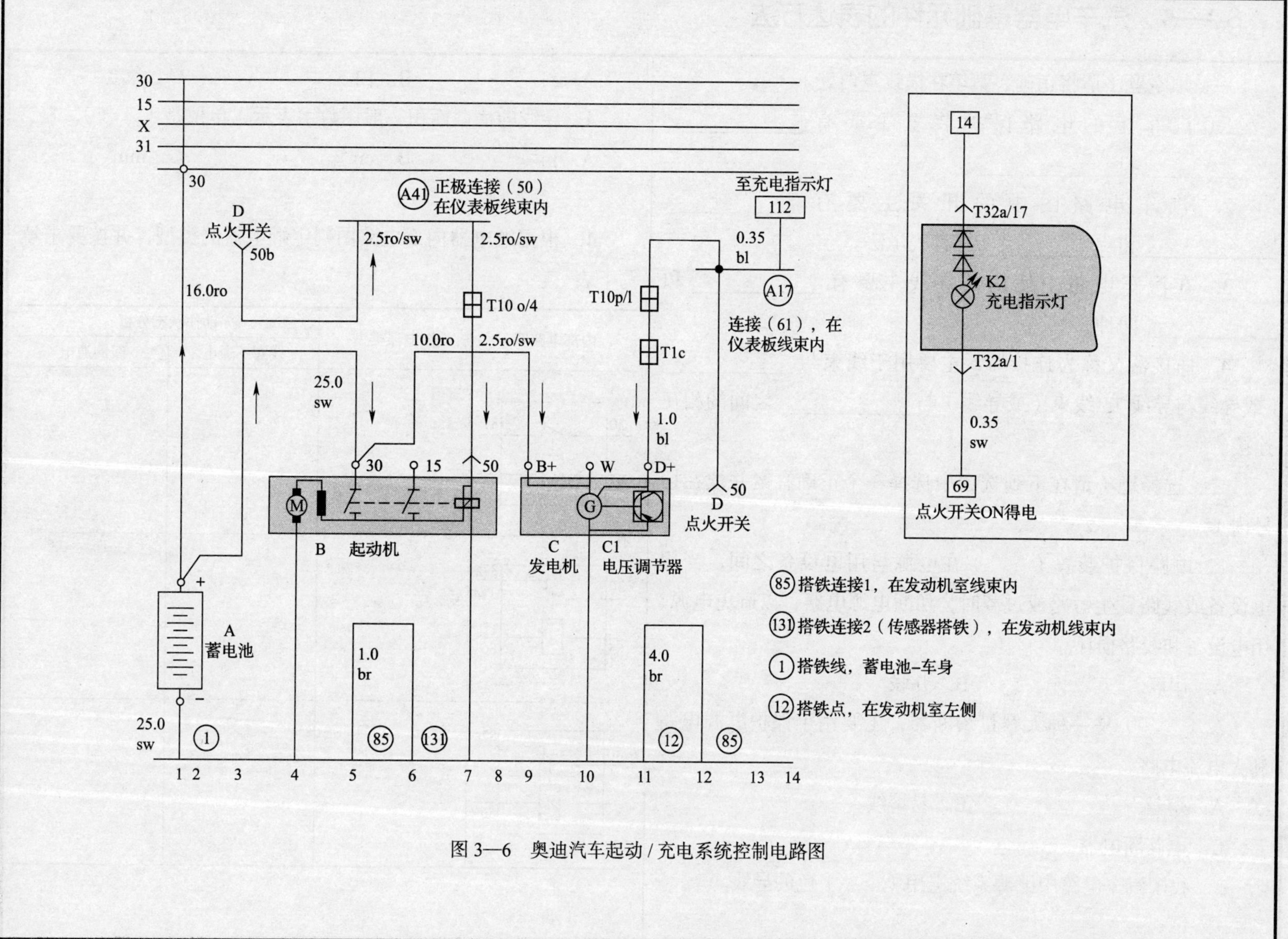

图 3—6　奥迪汽车起动 / 充电系统控制电路图

班级　　　　学号　　　　姓名

§3—5　汽车电器基础元件的表达方法

一、填空题（请将正确答案填在横线空白处）

1. 汽车上的电路保护装置主要有________、________和________。

2. 汽车电路图中的开关主要有________、________和________三种表示法。

3. 在汽车电路中使用的导线主要有________和________两种。

4. 插接器又称为连接器，主要用于线束与________（或导线与导线）、线束（或导线）与________之间的相互连接。

二、选择题（请在下列选项中选择一个正确答案并填在括号内）

1. 电路保护装置（　　）在电源与用电设备之间，当用电设备或线路发生短路或过载时，切断电源电路，以避免电源、用电设备和线路损坏。

A. 串联　　B. 并联

2.（　　）是一种大容量熔断器，主要用于保护电源电路和大电流电路。

A. 熔丝　　B. 易熔线

C. 电路断电器

3. 我国汽车电路中电源系统选用（　　）色的导线。

A. 红　　B. 白　　C. 绿

4. 导线的横截面积一般用数字表示，单位是（　　）。

A. m^2　　B. cm^2　　C. mm^2

三、简答题

1. 根据继电器内部电路图判定继电器的类型，并按要求填写下表。

内部电路图	继电器类型	动作状态分析	
		线圈不通电	线圈通电
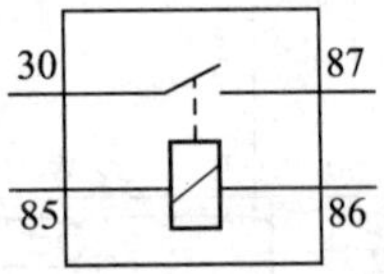 30　87 85　86			
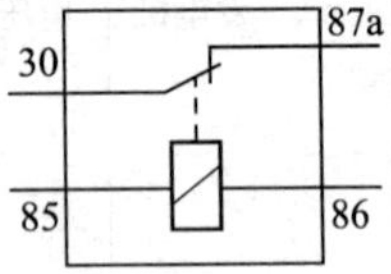 87a 30 85　86			
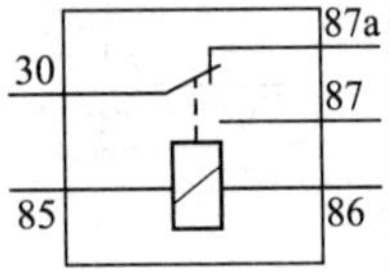 87a 30　87 85　86			

　班级　学号　姓名

2. 识读图 3—7 所示简单汽车照明和信号、制动、刮水系统电路图，并按要求回答下列问题。

（1）图 3—7 中的电路主要采用了什么保护装置？它和被保护电器是怎样的连接关系？

（2）在图 3—7 中，灯光开关是采用什么表示方法绘制的？

（3）从图 3—7 中摘画出雾灯控制电路。

（4）从图 3—7 中摘画出转向灯控制电路。

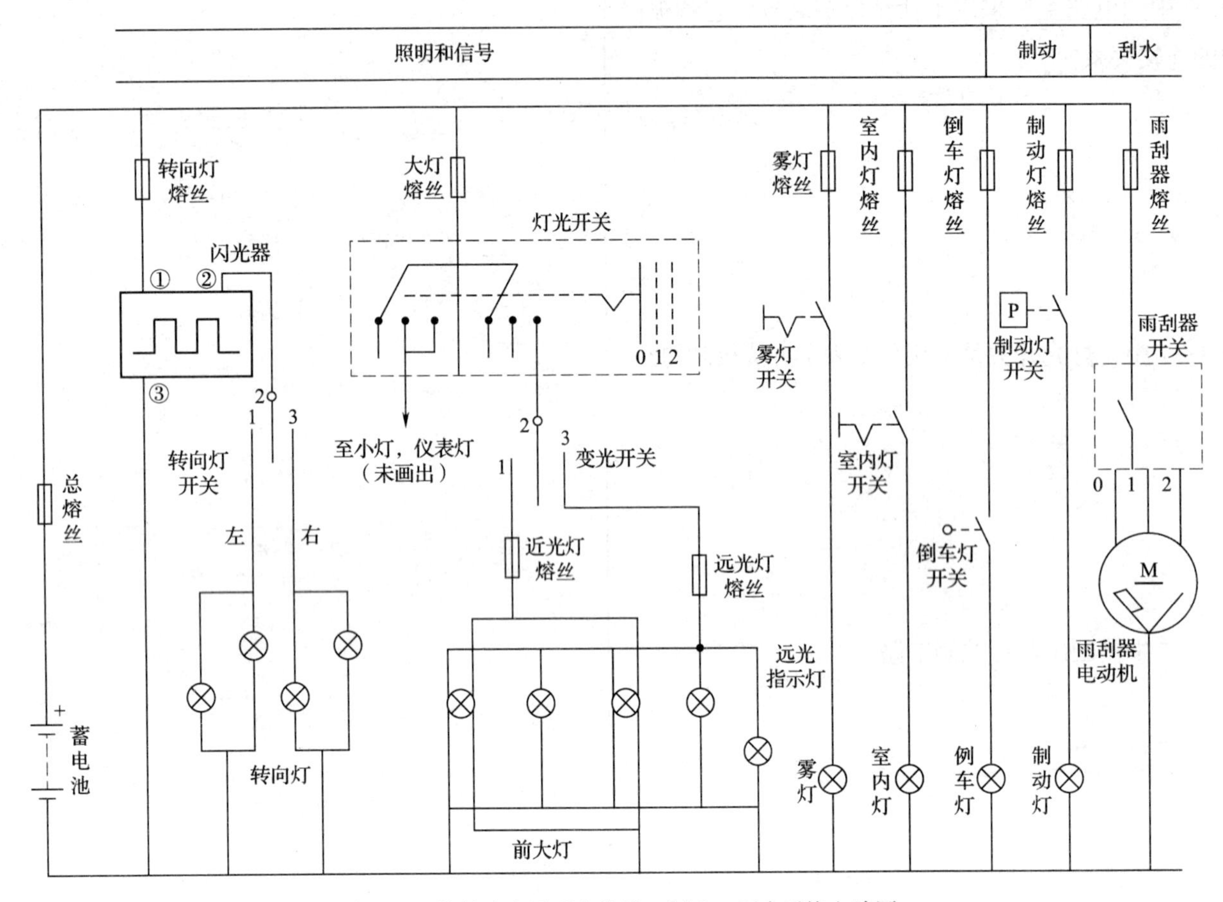

图 3—7　简单汽车照明和信号、制动、刮水系统电路图

班级　　学号　　姓名

3. 识读图 3—8 用表格表示法表示的柴油汽车点火开关，并回答下列问题。

	1	3	5	2	4
LOCK锁住（S）	○				
ACC专用（·）	○	○			
ON点火（D）	○	○	○		
HEAT预热（H）	○	—	—	○	
START起动（Q）	○	—	—	○	○

图 3—8　柴油汽车点火开关

（1）点火开关 LOCK、ACC、ON、HEAT、START 挡位的主要功能是什么？

（2）当点火开关处于 ON 挡时，哪些端子相连接？

（3）汽油车有 HEAT 挡位吗？

4. 识读图 3—9 所示日产汽车刮水器开关电路图，根据刮水器开关导通状况填写下表。

开关位置	导通电路	开关位置	导通电路
OFF		HI	
INT		WASH	
LO			

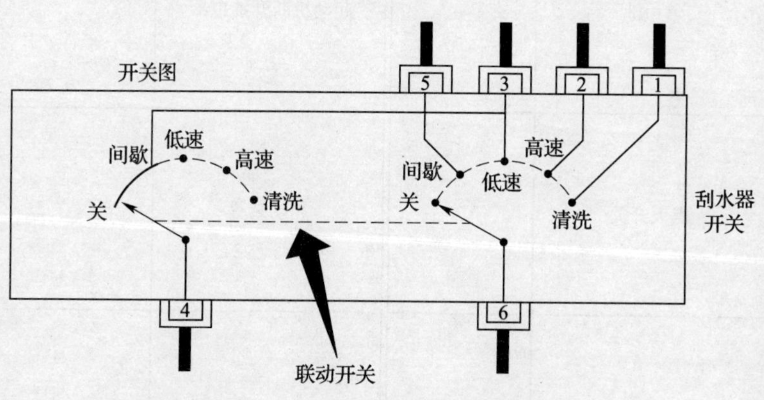

图 3—9　日产汽车刮水器开关电路图

5. 识读图 3—10 所示一汽丰田新威驰轿车蓄电池、起动、充电系统电路图，并回答下列问题。

（1）从图 3—10 中摘画出下表中的图形符号，它们是否和我国汽车电路图用图形符号相一致？

电器元件名称	图形符号	电器元件名称	图形符号
蓄电池		起动机断开继电器	
点火开关		起动装置	
熔丝		发电机	
熔断器		二极管	

（2）在下表中写出图 3—10 中颜色代码所表示的含义。

颜色代码	含义
B	
W	
Y	
P	
O	
R	
GR	
B-R	
B-W	
W-R	
W-B	
GR-R	

班级　　学号　　姓名

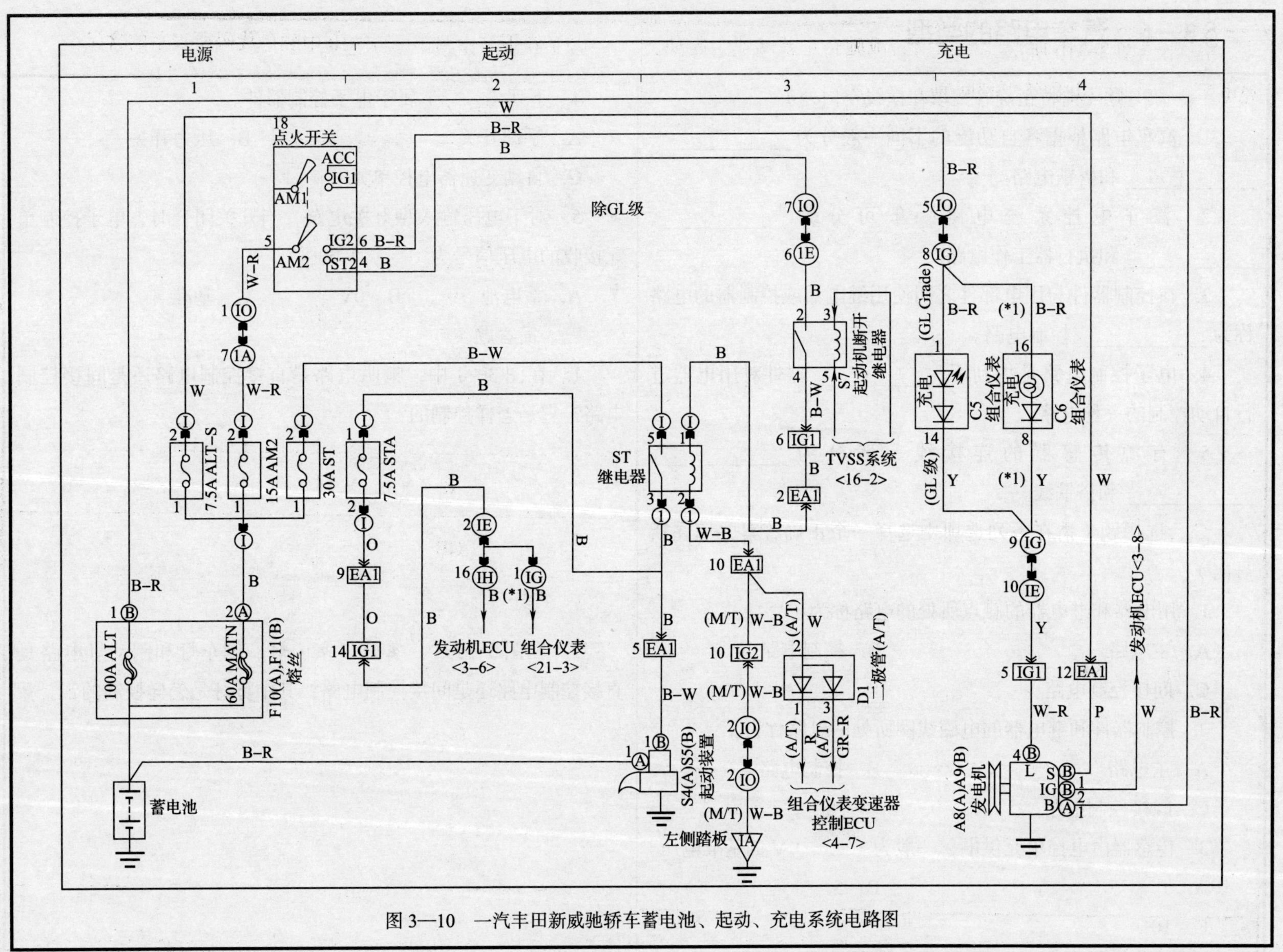

图 3—10　一汽丰田新威驰轿车蓄电池、起动、充电系统电路图

§3—6　汽车电路的类型

一、填空题（请将正确答案填在横线空白处）

1. 汽车电路根据各自功能的不同一般分为 ____________、____________ 和搭铁电路。

2. 汽车电控系统电路一般可分为 ____________、____________ 和执行器工作电路。

3. 在控制器件与用电部件之间使用继电器或控制器的电路称为 ____________ 控制电路。

4. 电子控制电路是指利用 ____________ 器件对用电器进行自动控制的一种电路。

5. 有源传感器的连接线一般分为 ____________、____________ 和搭铁线。

二、选择题（请在下列选项中选择一个正确答案并填在括号内）

1. 用电器和继电器的触点所处的电路称为（　　）。

A. 主电路　　B. 控制电路

C. 间接控制电路

2. 控制器件和继电器的电磁线圈所处的电路称为（　　）。

A. 主电路　　B. 控制电路

C. 间接控制电路

3. 传感器由电控单元供电，一般为（　　）V 的基准电压。

A. 1　　B. 5

C. 10

4. 下列（　　）属于电子控制器件。

A. 手动开关　　B. 压力开关

C. 自动变速器电控单元

5. 对于电压输入型开关电路，当开关闭合时，电子控制单元接收的电压信号为（　　）电压。

A. 蓄电池　　B. 0V　　C. 基准

三、简答题

1. 在图 3—1 中，喇叭电路是直接控制电路还是间接控制电路？它是怎样控制的？

2. 在图 3—7 中，雾灯、室内灯、倒车灯和制动灯电路是直接控制电路还是间接控制电路？其中雾灯是怎样控制的？

3. 分析图 3—11 所示雷克萨斯前灯控制继电器电路的控制原理，并回答下列问题。

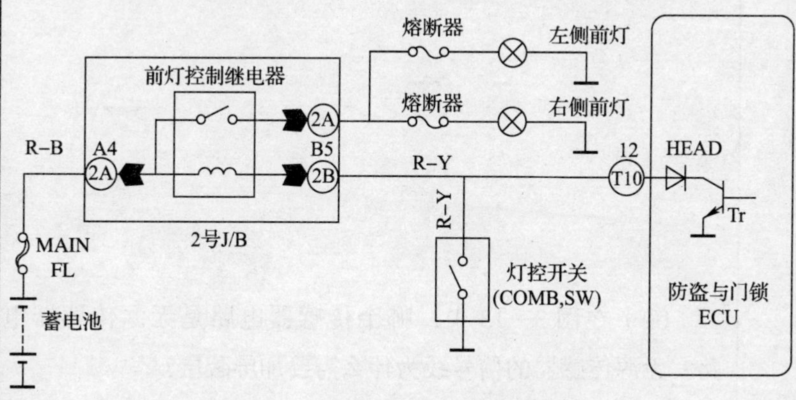

图 3—11 雷克萨斯前灯控制继电器电路

（1）在图 3—11 中，哪个控制电路是间接控制电路？试分析其控制过程。

（2）在图 3—11 中，哪个控制电路是电子控制电路？试分析其控制过程。

4. 分析图 3—12 所示丰田卡罗拉汽车电控单元的电源电路图，并回答下列问题。

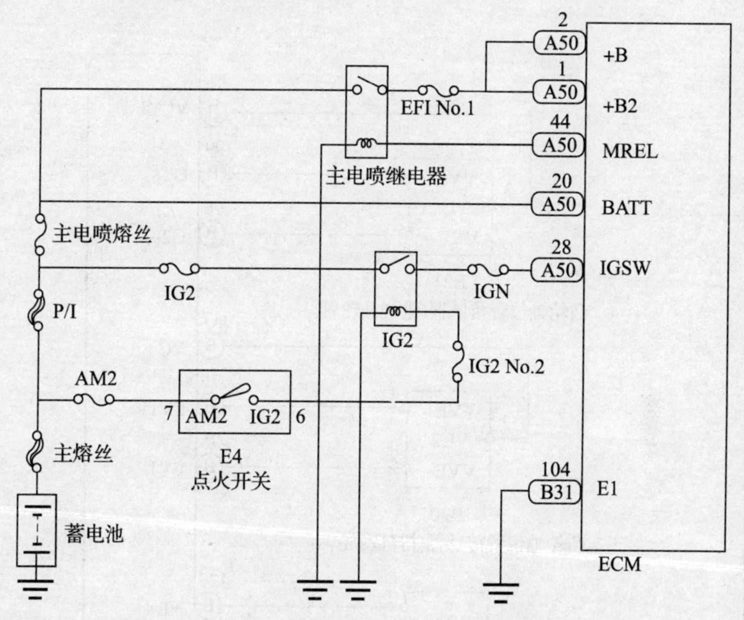

图 3—12 丰田卡罗拉汽车电控单元的电源电路图

（1）在图 3—12 中描画并标识出永久电源电路。

（2）在图 3—12 中描画并标识出主电源电路。

（3）在图 3—12 中描画并标识出搭铁电路。

5. 识读图3—13所示丰田卡罗拉汽车曲轴和凸轮轴位置传感器电路图，并按要求回答下列问题。

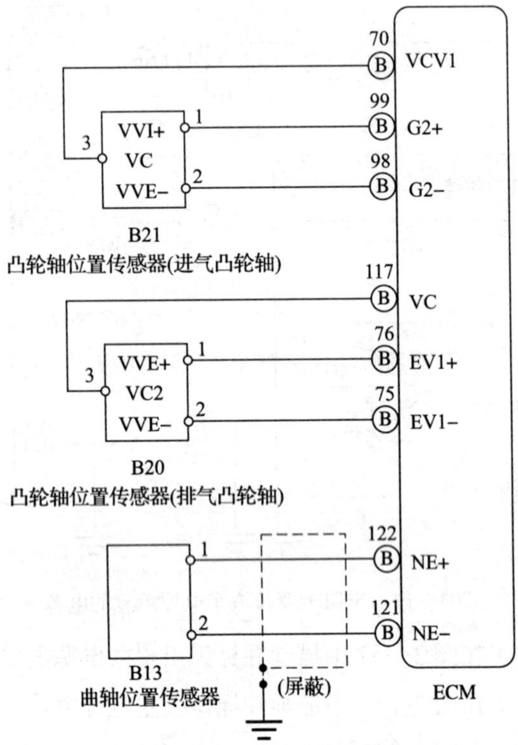

图3—13 丰田卡罗拉汽车曲轴和凸轮轴位置传感器电路图

（1）在图3—13中，哪个传感器电路是有源传感器电路？有源传感器的连接线分为哪几条线？

（2）在图3—13中，哪个传感器电路是无源传感器电路？无源传感器的信号线为什么需要加屏蔽层？

 班级 学号 姓名

§3—7 汽车电路制图的一般规则和基本表示方法

一、填空题（请将正确答案填在横线空白处）

1. 在电气图中，电路或电气元件的布局方法主要有________和________两种。

2. 在电气图中，电路的基本表示方法主要有________和________两种。

3. 对由若干功能相关部分组成的组合图形符号，主要用________表示法和________表示法表示。

4. 在电气图中，连接线有________表示法和________表示法两种。

二、选择题（请在下列选项中选择一个正确答案并填在括号内）

1. 在电气图中，可见导线用（　　）表示。

A. 细实线　　　　B. 细虚线

C. 细点画线

2. 在电气图中，功能围框线用（　　）表示。

A. 细实线　　　　B. 细虚线

C. 细点画线

3. 在非位置布局的电气图中，图线一般为（　　）线。

A. 直　　　　B. 曲

C. 任意

4. 下列（　　）不是按功能布局法绘制的。

A. 原理框图　　　　B. 电路原理图

C. 线束布置图

5. 功能布局法只考虑便于看出图形符号所表示元件的功能关系，尽可能地依据电路、设备或装置的工作原理，按（　　）的顺序布置。

A. 从左至右、自上而下

B. 从右至左、自上而下

C. 从右至左、自下而上

三、简答题

1. 什么是多线表示法？什么是单线表示法？

2. 什么是集中表示法？什么是分开表示法？

3. 什么是连续表示法？什么是中断表示法？

4. 分析图 3—14 所示丰田锐志发动机燃油泵控制电路图，并回答下列问题。

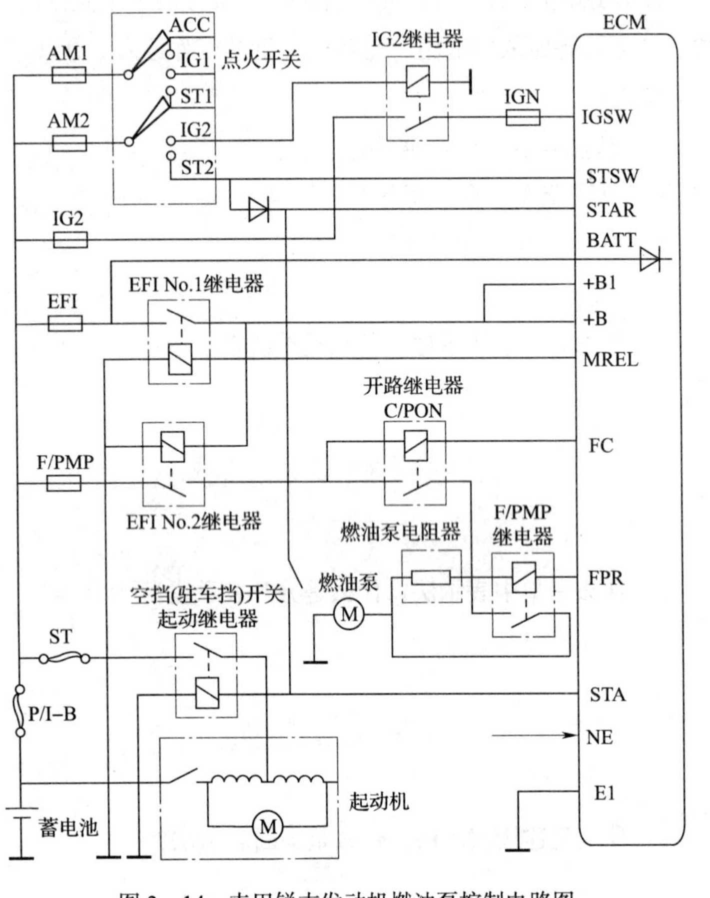

图 3—14 丰田锐志发动机燃油泵控制电路图

（1）在图 3—14 中，细点画线围框表示什么含义？

（2）在图 3—14 中，电路采用了哪种表示方法？该表示方法有何特点？

（3）在图 3—14 中，图线主要采用了哪种布置方式？该布置方法有何特点？

（4）在图 3—14 中，继电器的图形符号采用了哪种表示方法？该表示方法有何特点？

 班级 学号 姓名

（5）在图 3—14 中，连接线主要采用了哪种表示方法？该表示方法有何特点？

（6）在图 3—14 中，电路或电气元件采用了哪种布局方法？该布局方法有何特点？

5. 分析图 3—15 所示大众汽车电路图，并按要求回答下列问题：

（1）在图 3—15 中，连接线在哪些地方采用了中断表示法？（在图中圈出）

（2）解释图 3—15 中下列符号的含义。

1）

61

2）

d

3）

30

15

X

31

4）

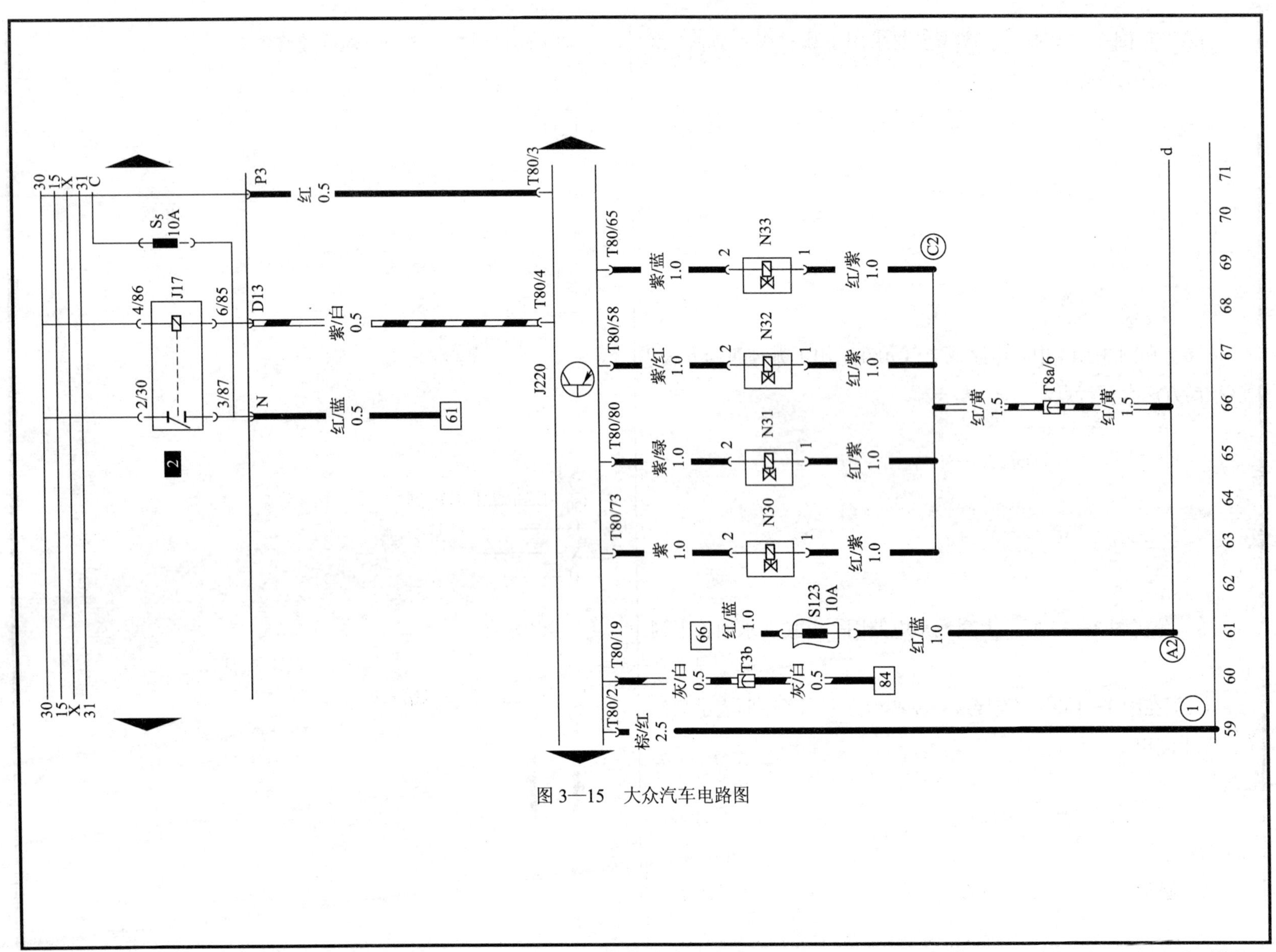

图 3—15　大众汽车电路图

班级　　　　学号　　　　姓名

第四章　汽车电路图的表达方式与识读

§4—1　汽车电路原理框图的表达方式与识读

一、填空题（请将正确答案填在横线空白处）

1. 原理框图主要采用__________绘制，其中__________应用最广。

2. 当用带注释的框绘图时，框内的注释可以是__________，也可以是文字，还可以是__________。

3. 在原理框图中，框的形式有__________框和__________框两种，其中__________框包含的容量大一些。

4. 原理框图中的连接线一般采用__________表示法表示。

二、选择题（请在下列选项中选择一个正确答案并填在括号内）

1. 框图是一种（　　）地反映电气设备或装置的图形。

A. 详细　　B. 概略　　C. 两者均可

2. 在原理框图中，下列（　　）表示信息或电量的传输方向。

A. 箭头　　B. 指引线　　C. 文字符号

3. 汽车电路原理框图中（　　）画出设备或元器件之间的具体连接情况。

A. 必须　　B. 不必　　C. 视情况而定

4. 在原理框图中，常采用（　　）形式来形象、直观地反映项目的层次划分和体系结构。

A. 实线框　　B. 点画线框

C. 框的嵌套

5. 在识读时，首先要了解原理框图的（　　）。

A. 基本组成

B. 各功能单元电路的基本作用

C. 信号的走向

6. 下列叙述不正确的是（　　）。

A. 层次较高的框图，描述比较概略，反映的是整体内容

B. 层次较低的框图，表达较为详细，反映的是局部内容

C. 层次较低的框图，描述比较概略，反映的是局部内容

三、简答题

1. 什么是汽车电路原理框图？

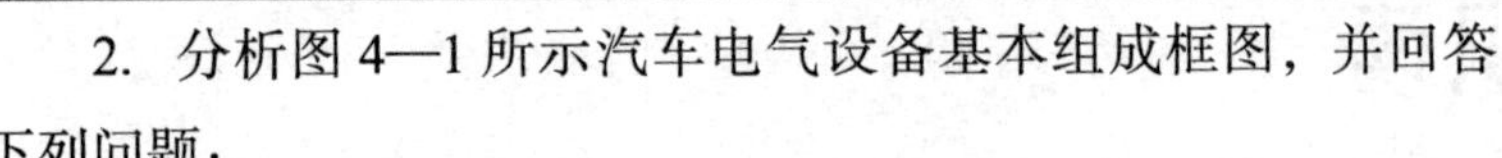

2. 分析图 4—1 所示汽车电气设备基本组成框图，并回答下列问题：

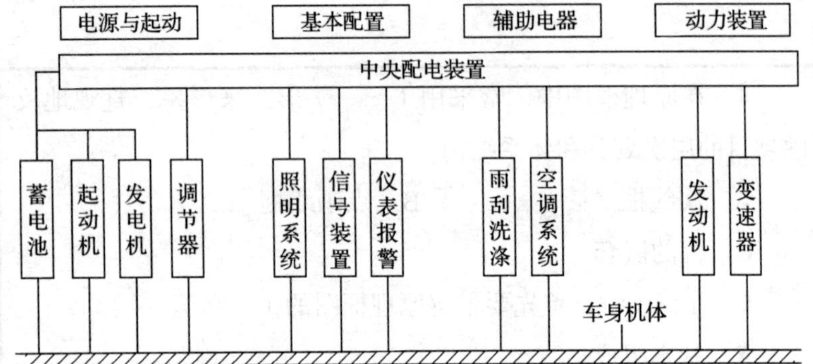

图 4—1 汽车电气设备基本组成框图

（1）图 4—1 主要采用了什么图形符号绘制？

（2）图 4—1 中“电源与起动”主要由哪几部分组成？

（3）图 4—1 中“基本配置”主要由哪几部分组成？

（4）图 4—1 中“辅助电器”主要由哪几部分组成？

（5）图 4—1 中“动力装置”主要由哪几部分组成？

（6）图 4—1 中汽车电气设备基本由哪几部分组成？

班级　学号　姓名

3. 分析图 4—2 所示汽车电控喷射系统框图，并回答下列问题。

（1）图 4—2 中框的形式主要有哪几种？哪种框内容包含的容量大一些？

（2）图 4—2 中的箭头表示什么含义？

（3）图 4—2 中细点画线框连接线应接到什么上？细实线框连接线应接到什么上？

（4）图 4—2 中汽车电控喷射系统主要由哪几部分组成？

（5）图 4—2 中传感器的信号有哪几种？

（6）图 4—2 中电子控制单元（ECU）主要由哪几部分组成？

（7）图 4—2 中微机主要由哪几部分组成？

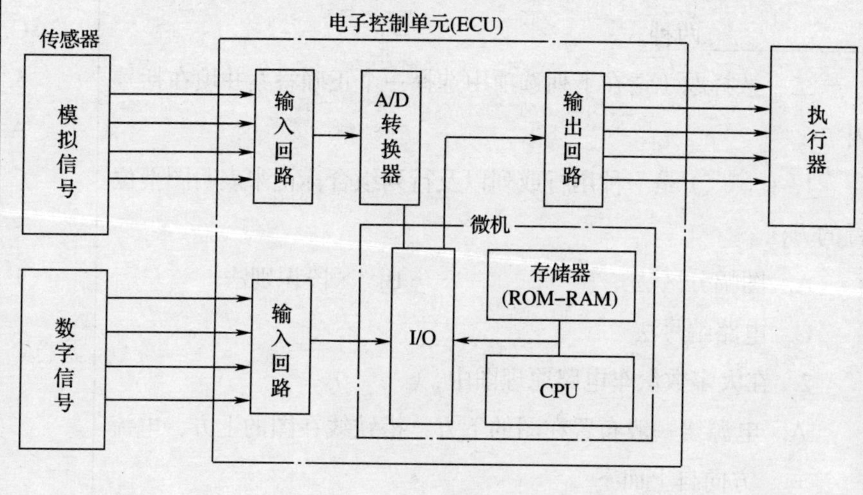

图 4—2 汽车电控喷射系统框图

§4—2 汽车电路原理图的表达方式与识读

一、填空题（请将正确答案填在横线空白处）

1. 电器元件在汽车电路原理图上位置的表示方法主要有____________和____________两种。

2. 常见的电路标记符号有____________、____________和____________。

3. 汽车电路的电源一般来说有____________和____________两种。

二、选择题（请在下列选项中选择一个正确答案并填在括号内）

1.（　　）是一种用行或列以及行列组合标记来表明图上位置的方法。

A. 图幅分区法　　B. 区段识别法

C. 电路编号法

2. 在大多数汽车电路原理图中，（　　）。

A. 电源线一般布置在图的下方，搭铁线在图的上方，电流方向自上而下

B. 电源线一般布置在图的上方，搭铁线在图的下方，电流方向自上而下

C. 电源线一般布置在图的上方，搭铁线在图的下方，电流方向自下而上

3. 电路的各部分用（　　）限制，以此表明仪器、部件功能或结构上的属性。

A. 点画线或边框线　　B. 点画线或虚线

C. 虚线或边框线

4. 在电路图中，开关、继电器都是按（　　）状态绘制的。

A. 初始　　B. 受力

C. 通电

5. 下列（　　）汽车的电路图是采用横坐标式绘制的。

A. 丰田　　B. 通用别克

C. 奥迪

三、简答题

1. 什么是汽车电路原理图？

2. 阅读图注可获得什么信息？

3. 什么是“回路原则”？查找回路的方法有哪些？

4. 分析图 4—3 所示大众捷达轿车电源系统电路原理图，并回答下列问题。

（1）图 4—3 中电器元件在图上的位置是采用了什么表示方法？

（2）图 4—3 中点火开关（D）、卸荷继电器（J59）的图形符号都表示在什么状态？

（3）图 4—3 中汽车电路上的电气设备都是通过什么的触点变化来改变其回路，进而实现不同电路功能的？

（4）从图 4—3 中框画出起动系统电路，并分析其工作原理。

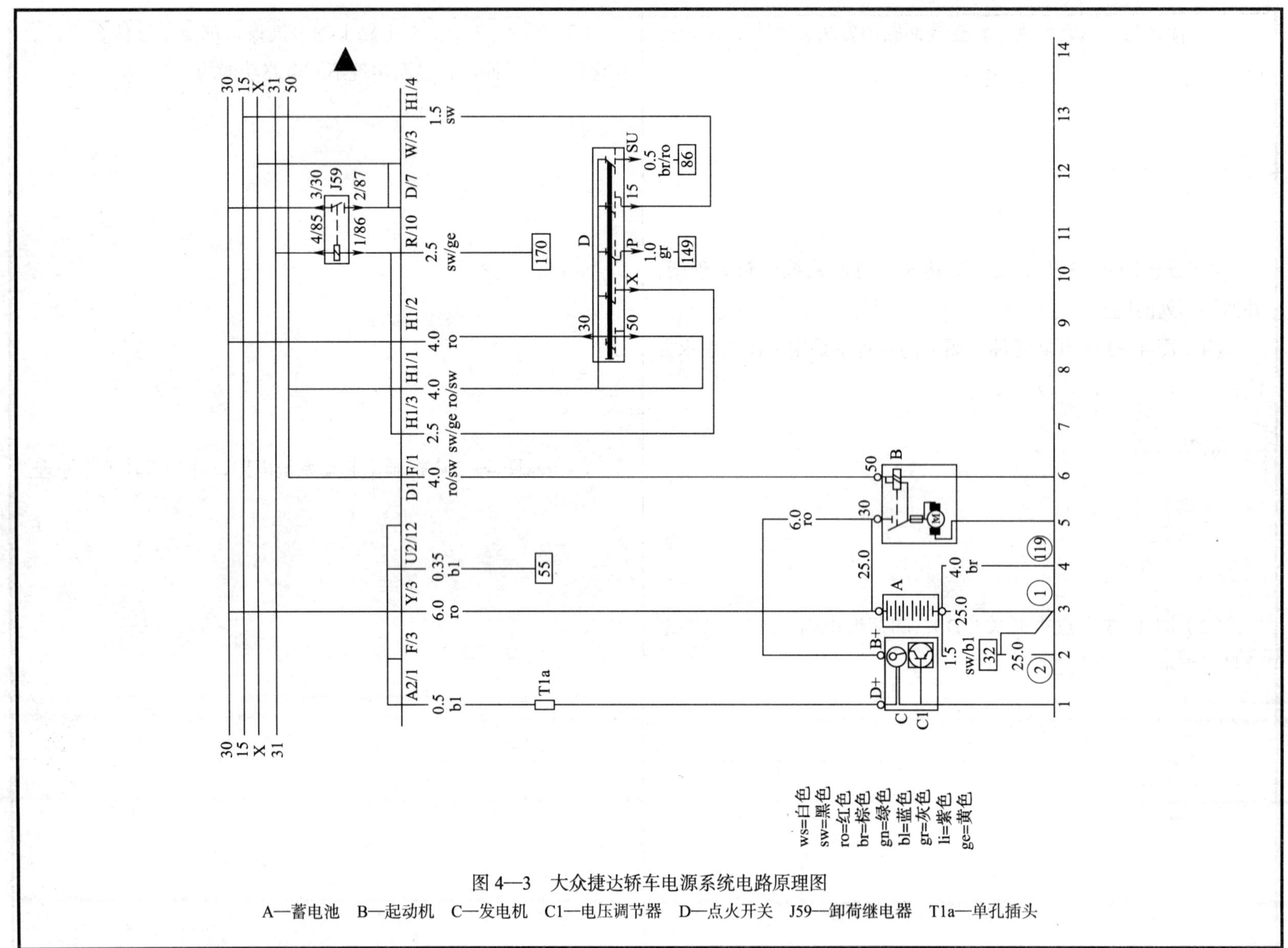

图 4—3　大众捷达轿车电源系统电路原理图

A—蓄电池　B—起动机　C—发电机　C1—电压调节器　D—点火开关　J59—卸荷继电器　T1a—单孔插头

班级　　　　学号　　　　姓名

5. 试分析图 4—4 所示丰田轿车集成电路调节器充电系统电路原理图，并回答下列问题。

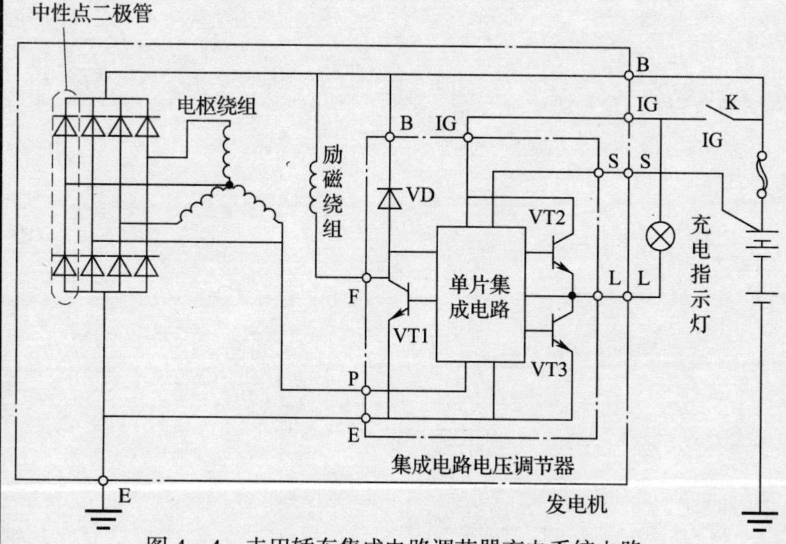

图 4—4 丰田轿车集成电路调节器充电系统电路

（1）图 4—4 中发电机对外有哪几个接线柱？分别与什么电器连接?

（2）在图 4—4 中，当点火开关接通，发动机停机时，蓄电池电压加在接线柱 IG 上，集成电路电压调节器检测到这一电压，使 VT1 处于导通状态，蓄电池经端子 B 为励磁绕组提供励磁电流。请分析励磁绕组电路的工作原理。

（3）在图 4—4 中，当点火开关接通，发动机停机时，由于发电机尚未发电，P 点电压为零，集成电路检测到这一情况，使 VT3 导通，VT2 截止，充电指示灯亮。请分析充电指示电路的工作原理。

6. 分析图 3—1 所示的简单汽车电路原理图，并回答下列问题。

（1）图 3—1 中电器元件在图上的位置是采用了什么表示方法？

（2）图 3—1 中的点火开关共有几个挡位？每个挡位有何功能？

（3）从图 3—1 中摘画出电喇叭电路，并利用“回路原则”分析其工作原理。

（4）从图 3—1 中摘画出起动系统电路，并分析其工作原理。

班级　　学号　　姓名

§4—3 汽车电路布线图的表达方式与识读

一、填空题（请将正确答案填在横线空白处）

1. 在布线图中，电器元件和电气设备一般采用 ________ 表示，必要时也允许用 ________ 表示。

2. 在布线图中，导线可用 ________ 表示，并将线束中 ________ 的导线尽量画在一起。

3. 对布线图的识读，可按 ________、________、________ 三个步骤进行。

二、选择题（请在下列选项中选择一个正确答案并填在括号内）

1. 汽车电路布线图中的电气设备的外形和实际方位与原车(　　)。

A. 一致　　　　B. 不一致

C. 视情况而定

2. 为了检索方便，布线图中的电器元件和电气设备的标记应与电路图相(　　)。

A. 一致　　　　B. 不一致

C. 视情况而定

3. 布线图中的电气设备是按(　　)布置的。

A. 功能布局法　　　　B. 位置布局法

C. 视情况而定

三、简答题

1. 什么是汽车电路布线图?

2. 分析图 4—5 所示日产风神蓝鸟轿车转向信号灯和危险警告灯电路布线图，并回答下列问题。

(1) 图 4—5 中电器主要采用了什么方式的图形符号表示?

(2) 图 4—5 的左边为汽车的哪一部分？右边呢？上边为汽车的哪一侧？下边呢?

(3) 图 4—5 中导线标有什么标记?

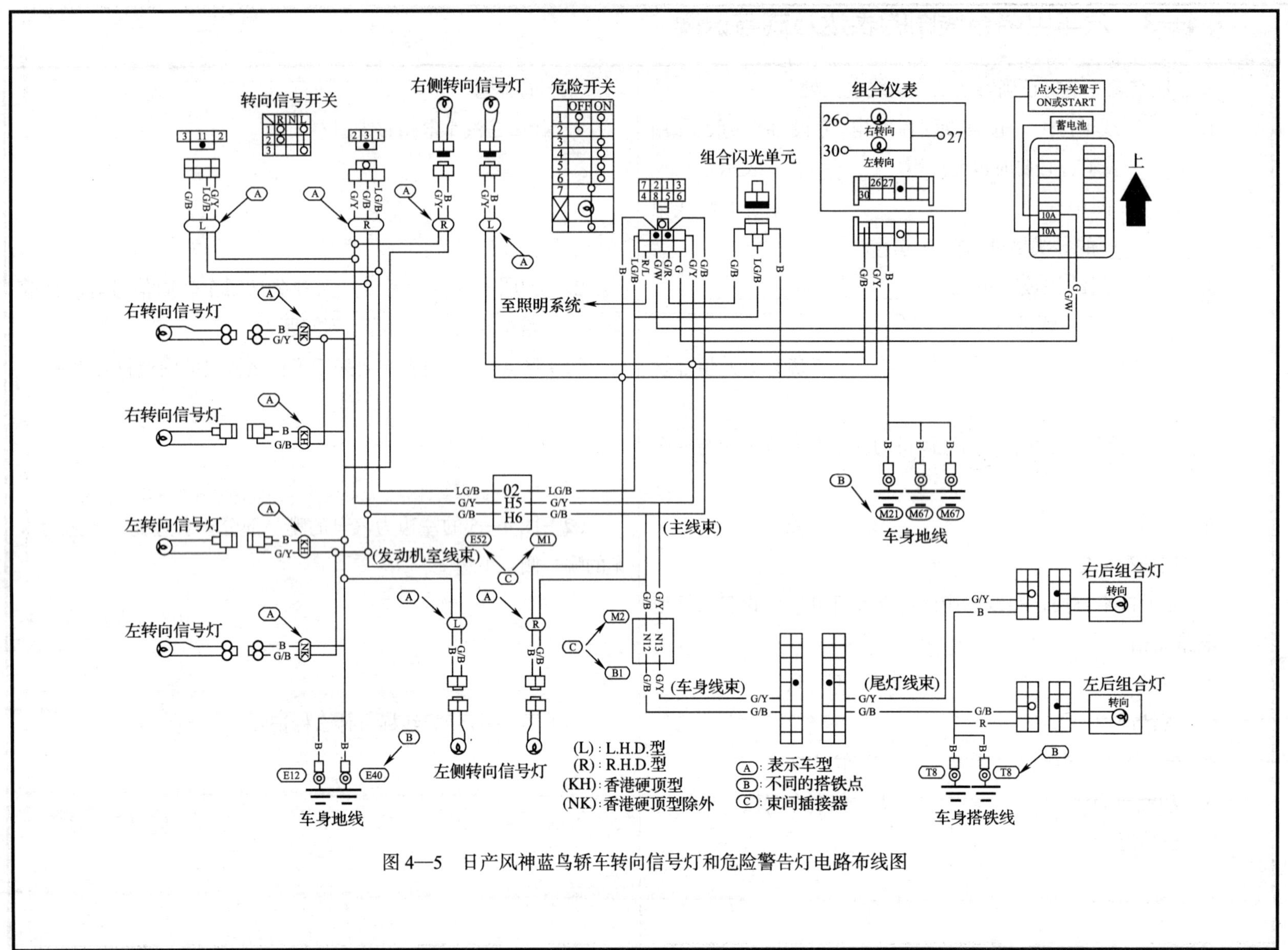

图 4—5　日产风神蓝鸟轿车转向信号灯和危险警告灯电路布线图

班级　　　　学号　　　　姓名

（4）结合图 4—6 所示的日产风神蓝鸟轿车转向信号灯和危险警告灯电路原理图，直接在图 4—5 中描画出左转向信号灯控制电路的接线关系。

（5）从图 4—5 中摘画出左转向信号灯控制电路的布线图。（只画出左转向信号灯电路，左侧和左后转向信号灯不用画出）

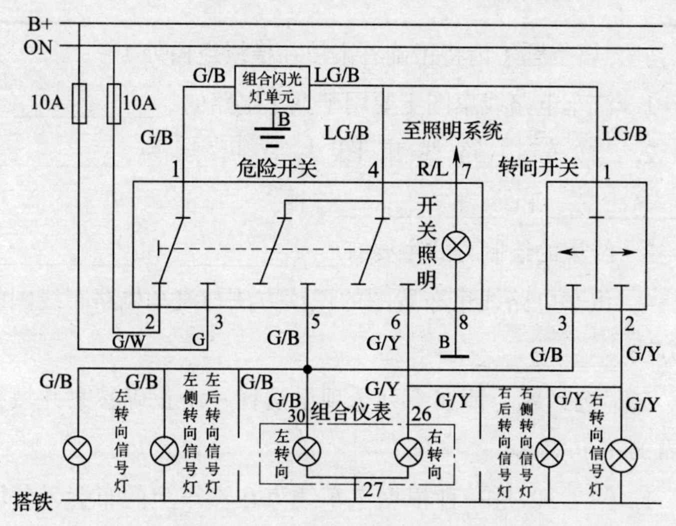

图 4—6　日产风神蓝鸟轿车转向信号灯和危险警告灯电路原理图

§4—4 汽车电路线束图的表达方式与识读

一、填空题（请将正确答案填在横线空白处）

1. 汽车电路线束图主要用于汽车电路的 ____________。

2. 汽车电路线束图大致可分为 ____________、____________ 和 ____________ 三种。

3. 线束的绘制方式主要有 ____________ 和 ____________。

4. 汽车电路线束布置图的识读方法与汽车电路布线图的识读方法 ____________。

二、选择题（请在下列选项中选择一个正确答案并填在括号内）

1.（　　）是一种根据汽车线束在汽车上的布置、分段以及各分支导线端口的具体连接情况而绘制的简图。

A. 汽车电路原理图

B. 汽车电路布线图

C. 汽车电路线束图

2.（　　）用于表达一条或几条电路线束的走向、连接点及线束固定等信息。

A. 线束安装图

B. 线束布置图

C. 线束定位图

3. 下列叙述不正确的是（　　）。

A. 在汽车电路线束安装图上，部件与部件间的导线以线束的形式出现

B. 在汽车电路线束安装图上，要详细描绘出线束内部的导线走向

C. 在汽车电路线束安装图上，只将露在线束外面的线头与插接器详细编号或用字母标记，是一种突出装配记号的电路表现形式

三、简答题

1. 分析图 4—7 所示解放新大威 CA4228P2K2 型平头柴油牵引车线束安装图，并回答下列问题。

（1）在图 4—7 中，线束采用了什么绘制方式？该绘制方式的特点是什么？

（2）在图 4—7 中，线束是按什么布局法布置的？

（3）在图 4—7 中，中央集电盒内露在线束外面的线头是用什么符号标记的？

（4）在图 4—7 中，全车有哪几组线束？

（5）在图 4—7 中，发动机线束上的分支通向车的什么电气设备？

（6）从图 4—7 中摘画出发动机线束安装图。

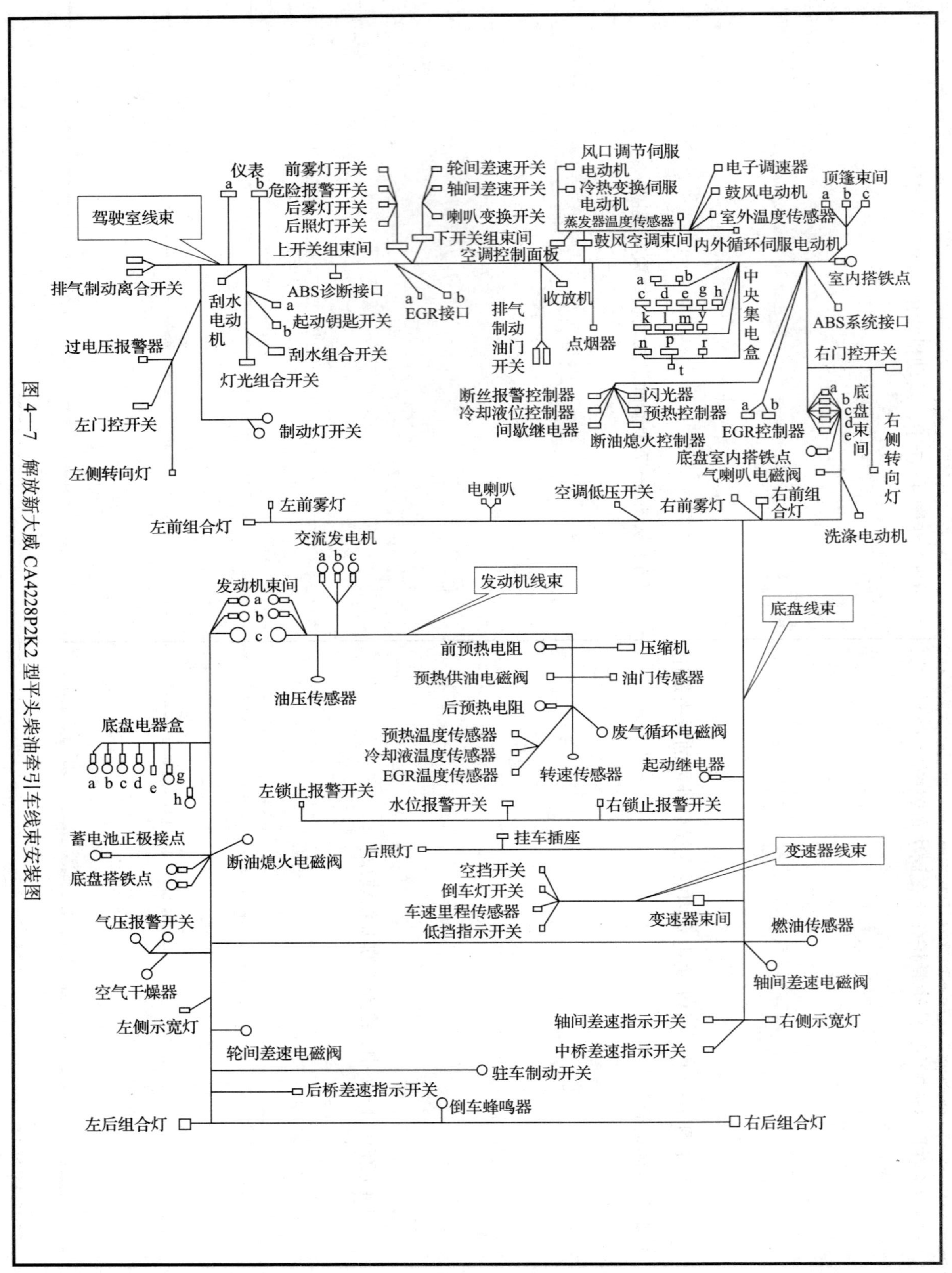

图 4—7　解放新大威 CA4228P2K2 型平头柴油牵引车线束安装图

2. 分析图4—8所示雪铁龙富康汽车充电系、起动系统线束布置图，并回答下列问题。

（1）写出下列图4—8中线束代码的含义

1）AV

2）PB

3）CP

4）CN

（2）在图4—8中标识出交流发电机、蓄电池、起动机的位置。

（3）在图4—8中，起动机与哪些电器相连接？蓄电池与哪些电器相连接？

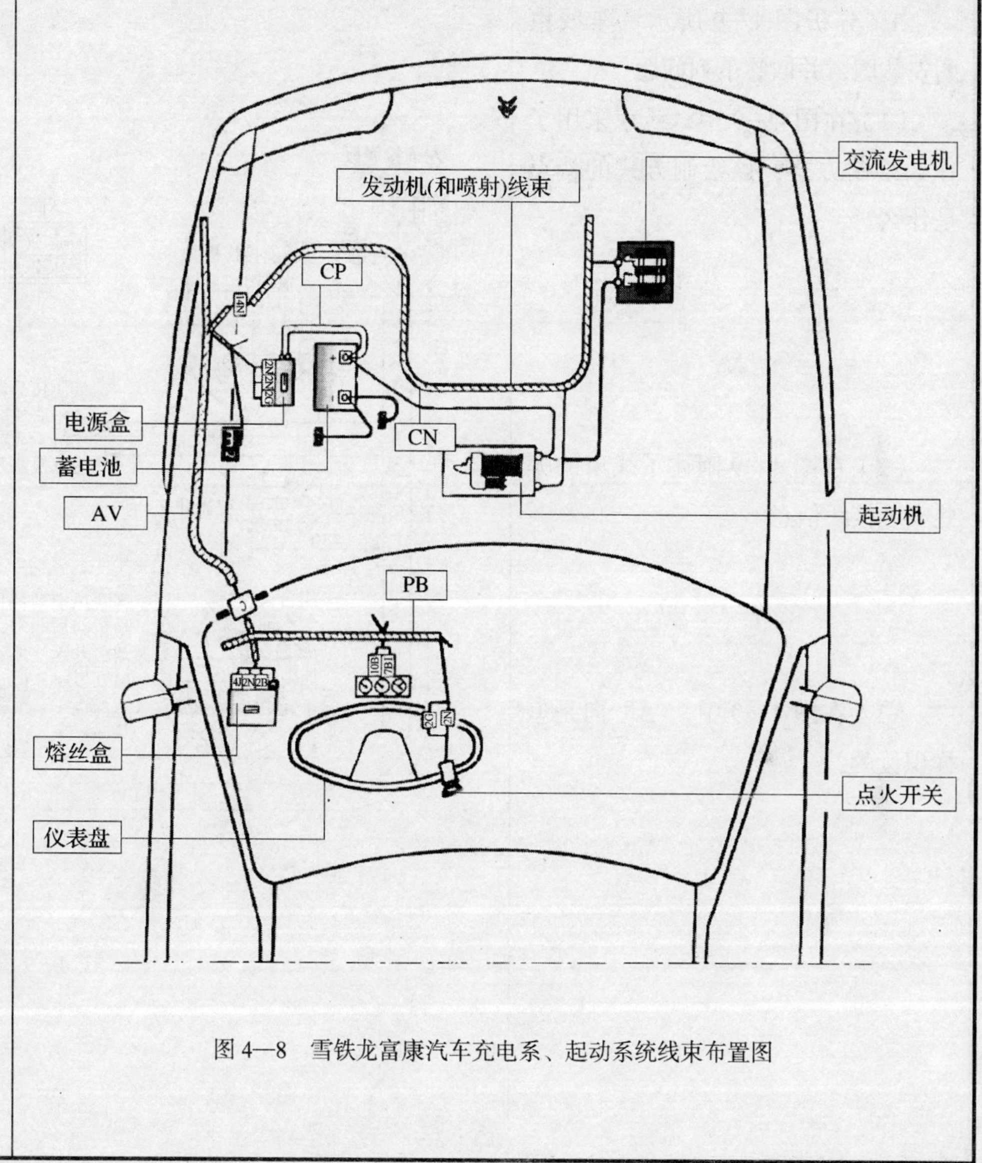

图4—8　雪铁龙富康汽车充电系、起动系统线束布置图

3. 分析图 4—9 所示汽车线束图安装图，并回答下列问题。

（1）在图 4—9 中，线束采用了什么绘制方式？该绘制方式的特点是什么？

（2）在图 4—9 阐述了线束的哪些安装接线信息？

（3）在图 4—9 中，“A”向是怎样识读的？

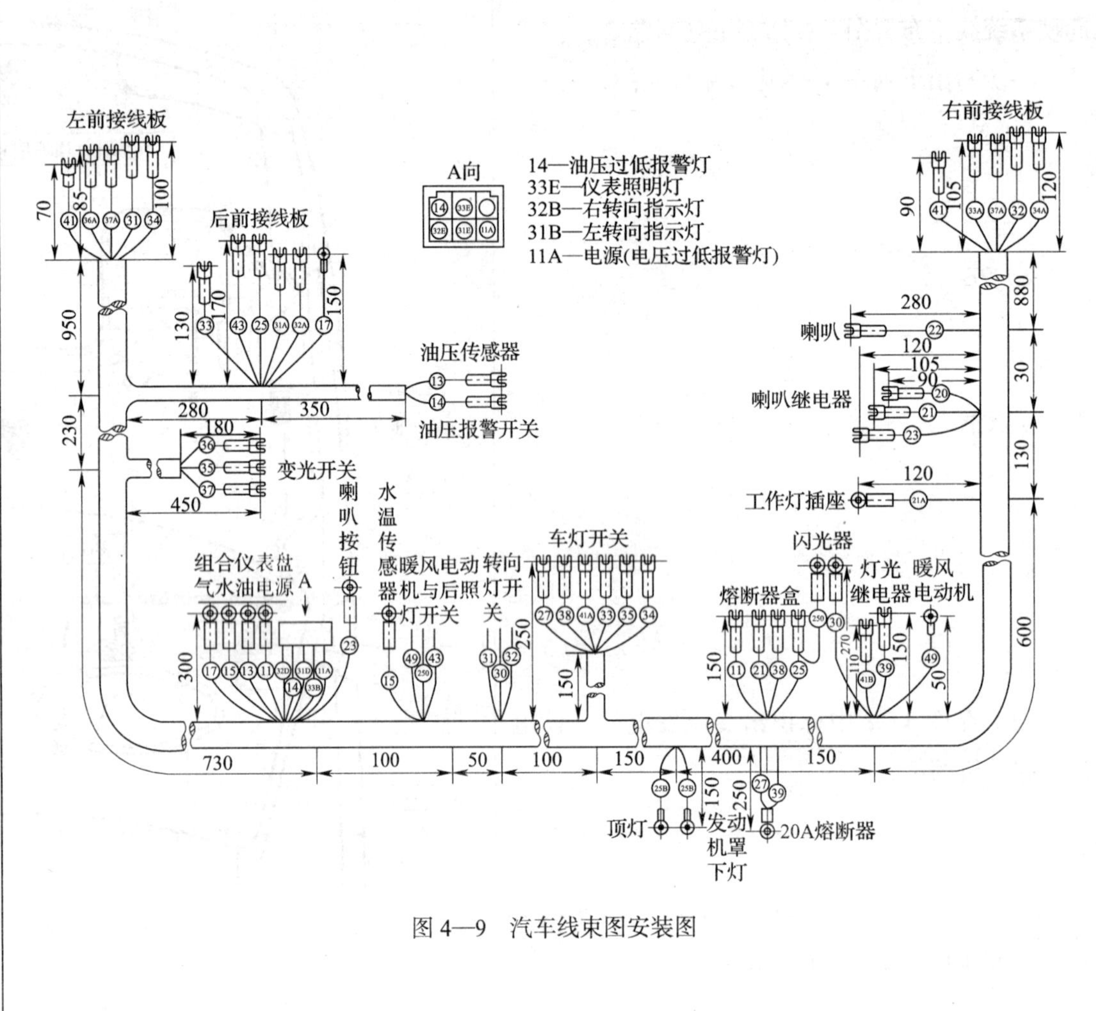

图 4—9　汽车线束图安装图

§4—5 汽车电路定位图的表达方式与识读简介

一、填空题（请将正确答案填在横线空白处）

1. 汽车电路定位图一般采用 ____________ 的形式表达。

2. 在汽车电路中，由于大多数导线是裹在 ____________ 中的，只用线束定位图是不能找到各导线的，需要参照 ____________ 图中该导线两端连接器的相应端子代码。先在 ____________ 图中找到相应连接器，参照连接器的 ____________ 图找到导线相应的端子或接线柱，然后找到该导线。

二、选择题（请在下列选项中选择一个正确答案并填在括号内）

1. 导线的定位是由导线的（　　）个端点来确定其位置的。

A. 1　　B. 2　　C. 不能确定

2. 下列（　　）不属于汽车定位图。

A. 汽车电路原理图

B. 熔丝盒内部熔丝布局图

C. 连接器插接端子接线图

3. 下列叙述汽车电路定位图的特点不正确的是（　　）。

A. 立体感强

B. 能直观、清晰地反映出电气设备在汽车上的实际安装位置

C. 实用性较差

4. 目前，大多数汽车制造公司都采用了（　　）结合的表达方式提供维修材料。

A. 电路原理图与定位图

B. 布线图与定位图

C. 原理框图与定位图

三、简答题

1. 什么是汽车电路定位图？

2. 常见的汽车电路定位图包括哪几种？

3. 分析图 4—10 所示福特汽车头灯开关接线柱定位图，并回答下列问题。

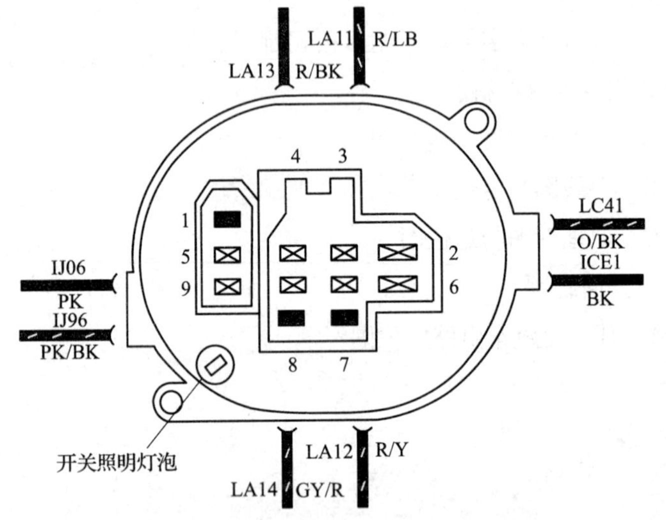

图 4—10 福特汽车头灯开关接线柱定位图

（1）在图 4—10 中，“LA13”“LC41”“ICE1”是什么代号？

（2）在图 4—10 中，“PK”“GY/R”“O/BK”是什么代号？表示什么含义？

（3）根据图 4—11 所示福特汽车头灯开关内部电路图，在图 4—10 中直接画出导线与接线柱的连接关系。

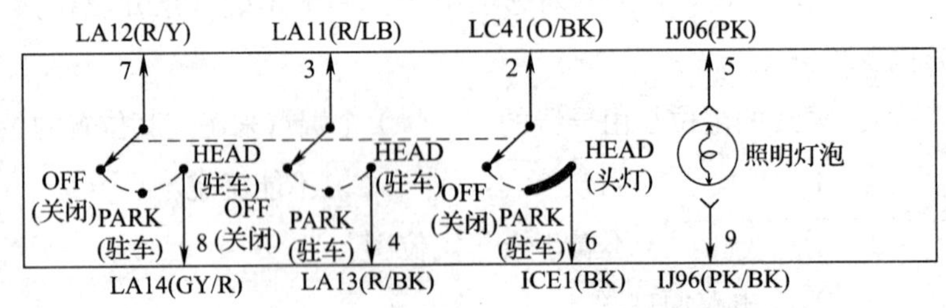

图 4—11 福特汽车头灯开关内部电路图

 班级 学号 姓名

第五章　典型车系电路图的识读

§5—1　丰田汽车电路图的识读

1. 识读图 5—1 所示丰田汽车电路图，在下表中写出图中数字注释符号所对应的含义。

序号	含义	序号	含义
1		8	
2		9	
3		10	
4		11	
5		12	
6		13	
7		14	

制动灯 1
(BAT)
15A
制动
(IG) 13
7.5A
仪表
2
1
3 1B
4 1B
W-R
R/L
L (S/D)
3
7 3C
7
15 3C
H6
制动灯开关
14 CH1
R
(W/G)
L (S/D)
4
G-W
15 CH1
5
H7
尾灯报警灯
(组合仪表)
到ABS ECU
G-W
L (S/D)
6
13
Y/G
G-W
H4
灯光失效传感器
7
8
4
8
2
1
11
G-R
9
1 HJ1 G-R
14
G-B
(屏蔽线)
W-B
G-R
G-R
J7
右后制动灯
(左后组合灯)
H9
左后制动灯
(左后组合灯)
2 H17
高位制动灯
1
10
W-B
W-B
W-B
1 HJ1 W-B
H1
11
H2
50 12

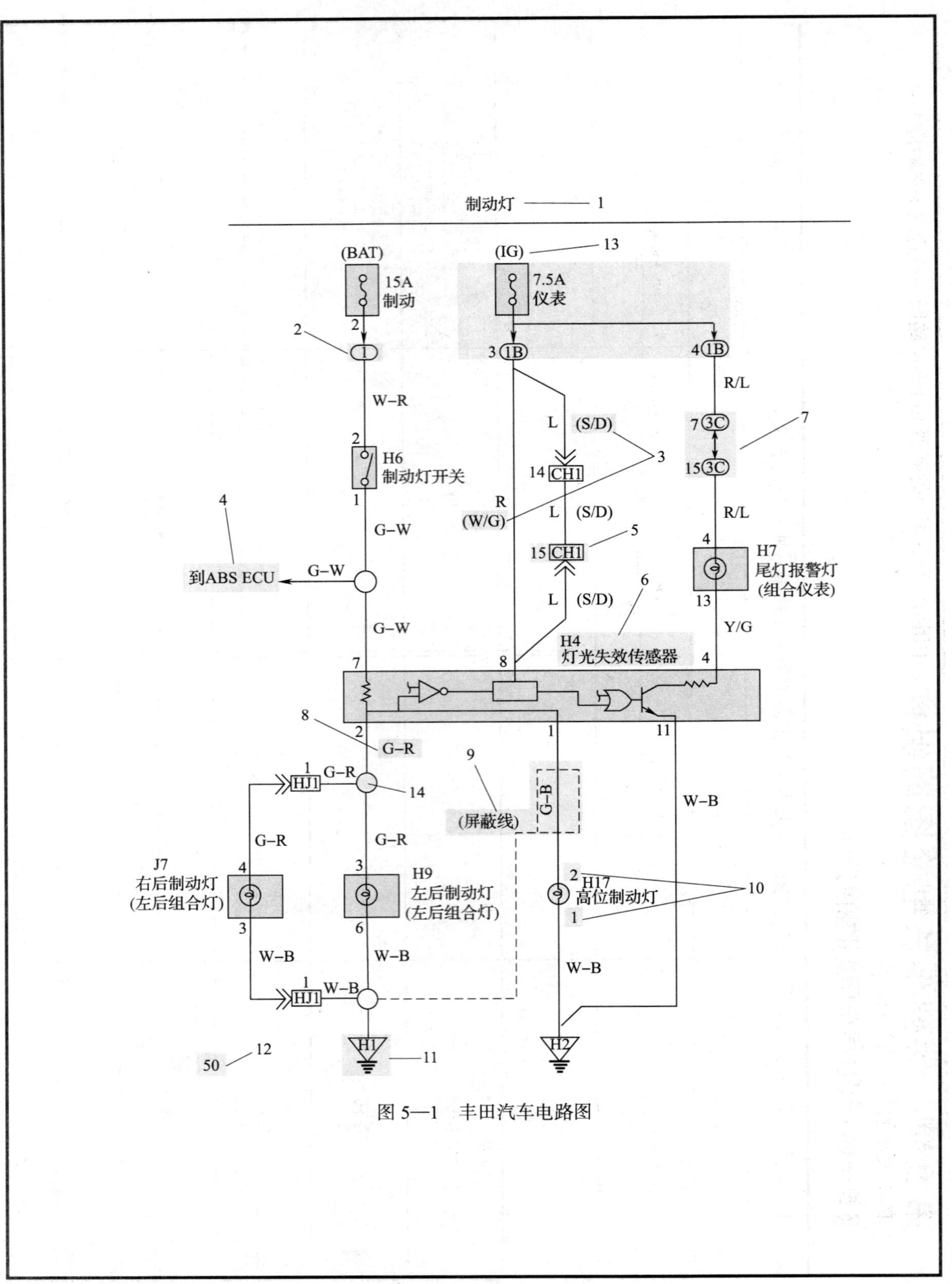

图 5—1　丰田汽车电路图

2. 识读图5—2所示丰田汽车继电器盒的识读示例，回答下列问题。

（1）在图5—2中直接框画出电路图、位置表和位置图。

（2）图5—2所示电路图中的符号“②”表示什么含义？位置表和位置图中的符号“R/B No.2”表示什么含义？

（3）从图5—2所示位置表中读出2号继电器盒的位置。

（4）在图5—2中用指示箭头画出EFF继电器各端子在电路图和位置图中的对应关系。

（5）在图5—2中用指示箭头画出熔断器EFI在电路图和位置图中的对应关系。

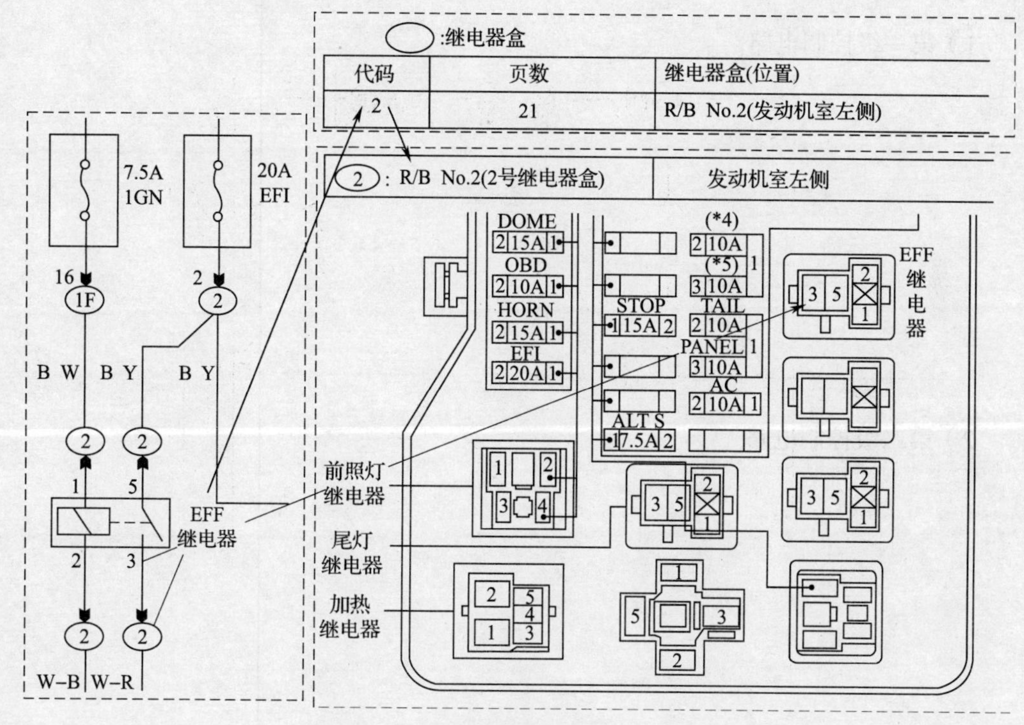

图5—2　丰田汽车继电器盒的识读示例

3. 识读图 5—3 所示丰田卡罗拉轿车起动电路图，并回答下列问题。

（1）在图 5—3 中描画出起动机控制电路，并分析其工作原理。

1）第一级控制电路

2）第二级控制电路

（2）在图 5—3 中描画出起动机主电路，并分析其工作原理。

 班级 学号 姓名

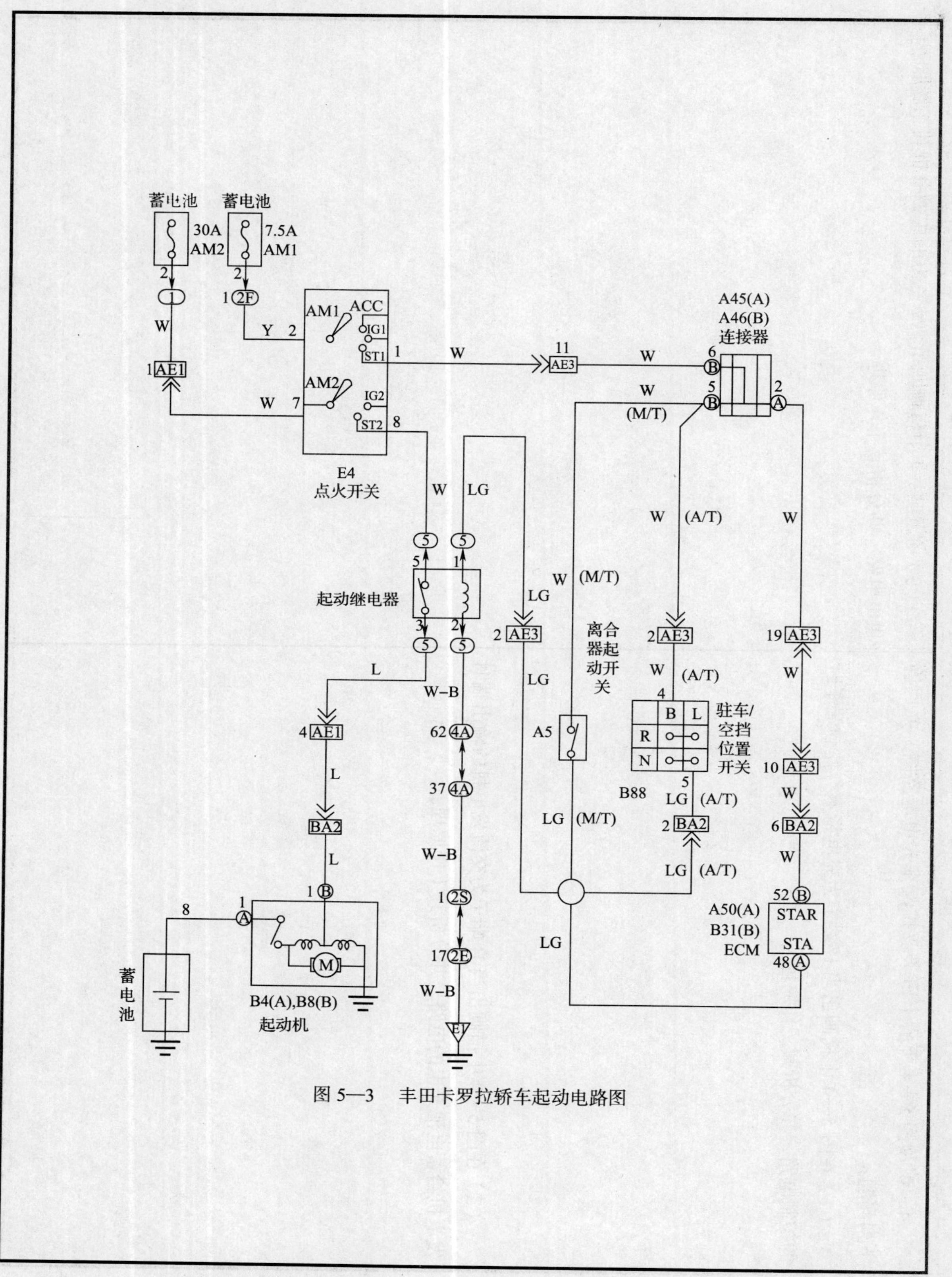

图 5—3　丰田卡罗拉轿车起动电路图

4. 识读图 5—4 所示丰田卡罗拉汽车充电电路图，并回答下列问题：

（1）在图 5—4 中描画出当 L 端子为充电指示灯控制端子时的控制电路，并分析其工作原理。

（2）在图 5—4 中描画出当 B 端子为交流发电机的输出端时发电机给蓄电池充电的电路，并分析其工作原理。

（3）在图 5—4 中描画出 IG 端子为电压调节器供电端时的供电电路，并分析其工作原理。

 班级　　学号　　姓名

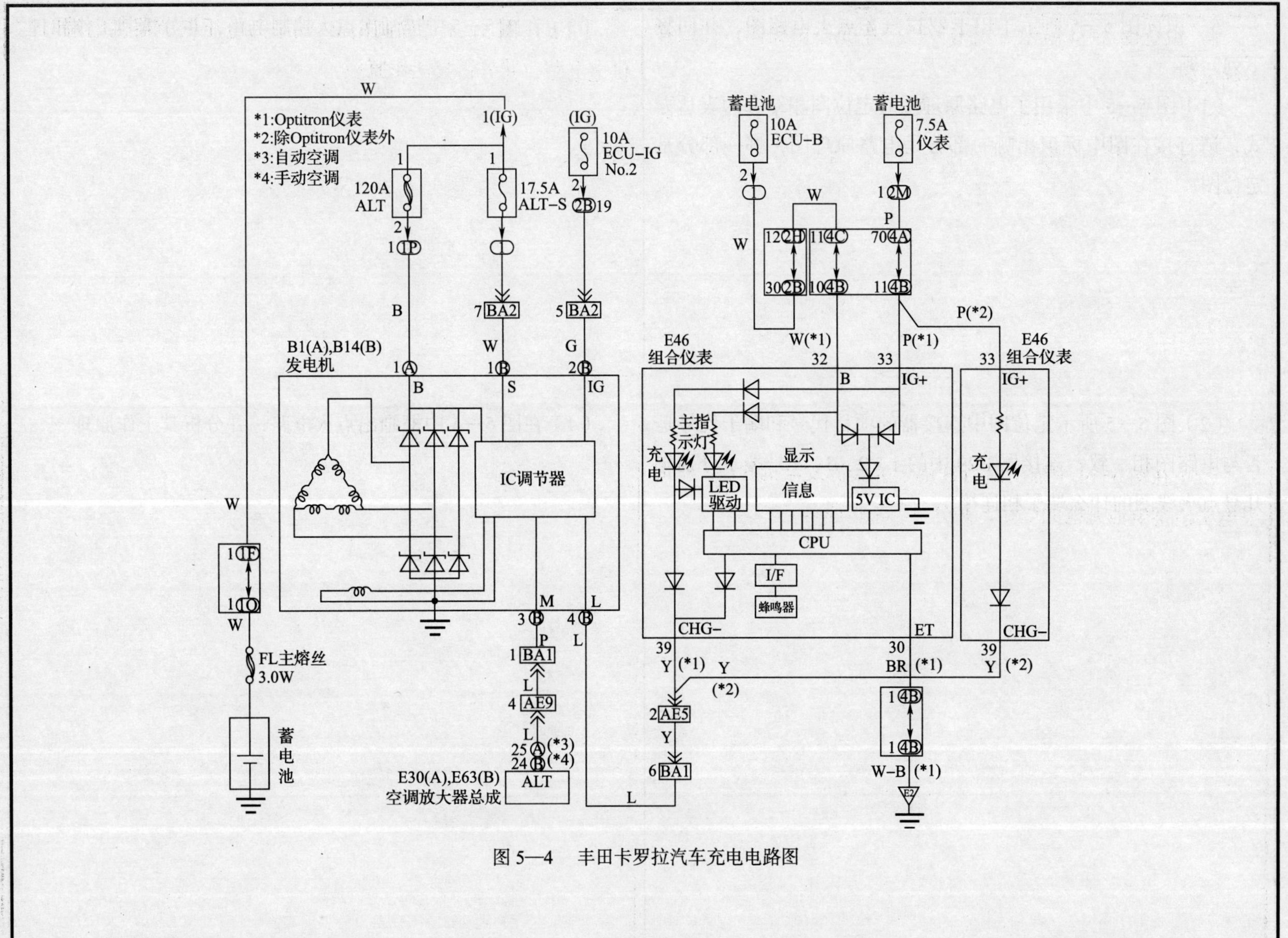

图 5—4 丰田卡罗拉汽车充电电路图

5. 识读图 5—5 所示丰田卡罗拉汽车点火电路图，并回答下列问题。

（1）图 5—5 中采用了电路原理图与定位图相结合的表达方式，请直接在图中标识出哪一部分是电路原理图，哪一部分是定位图。

（2）图 5—5 所示定位图中连接器的项目代号和端子代号是否与电路图相一致？连接器 B29 中的 1、2、3、4 号端子分别与几号点火线圈的什么端子相连接？

（3）在图 5—5 中描画出点火控制电路，并分析其工作原理。

（4）在图 5—5 中框画出点火电路，并分析其工作原理。

 班级 学号 姓名

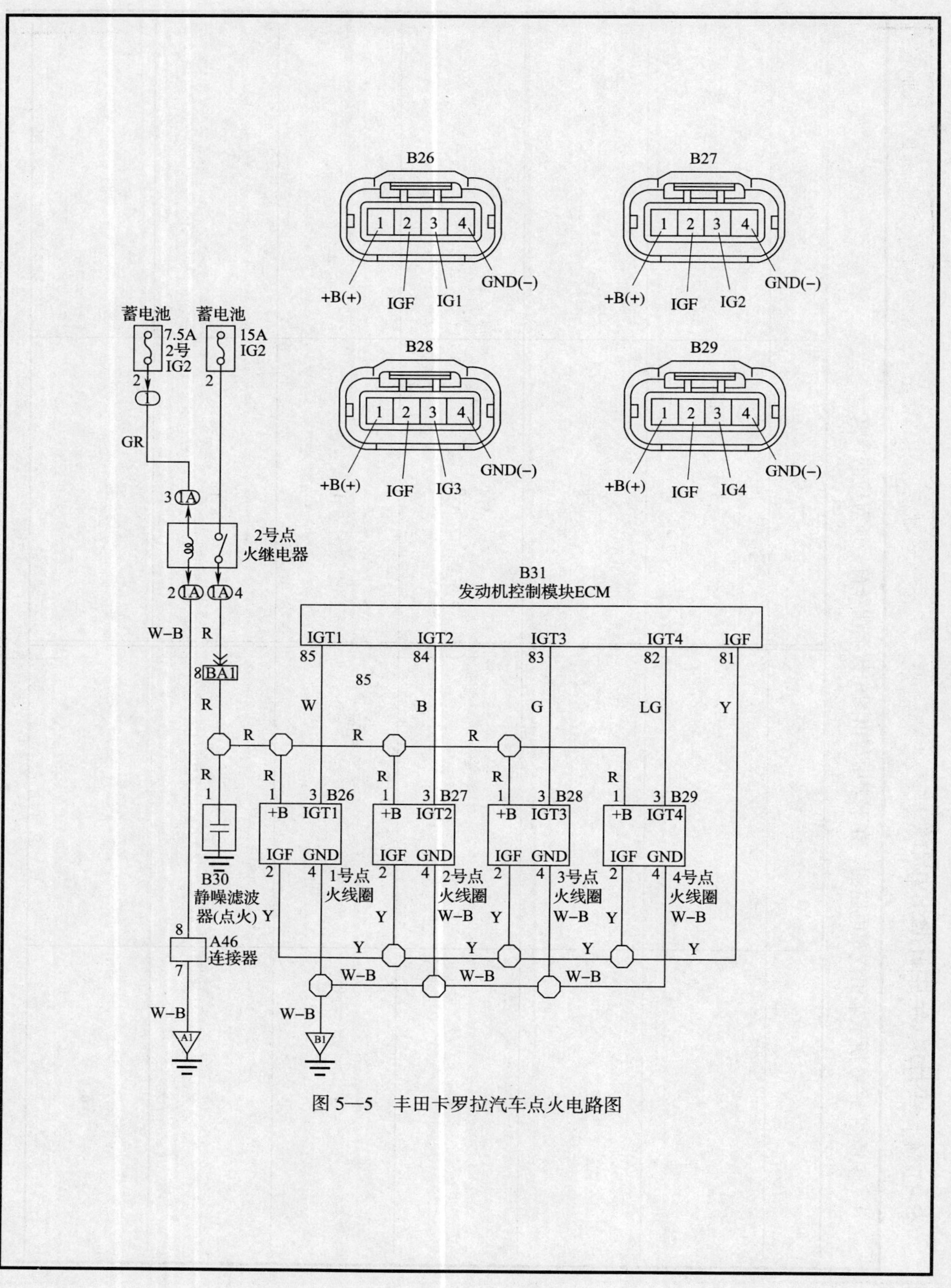

图 5—5 丰田卡罗拉汽车点火电路图

§5—2　本田汽车电路图的识读

1. 识读图 5—6 所示丰田汽车电路图，在下表中写出图中数字注释符号所对应的含义。

序号	含义	序号	含义
1		7	
2		8	
3		9	
4		10	
5		11	
6			

　　班级　　学号　　姓名

常通电
13号熔丝
10A
配电系
C723
黄
C725
黄
2 C709
指示灯
低燃油位
指示灯
组合仪表
1 C709
绿/红
2
C416
绿/红
1 C484
插座
仪表
2 C484
黑色
黑色
G301
1
2
3
4
5
6
7
8
9
10
11

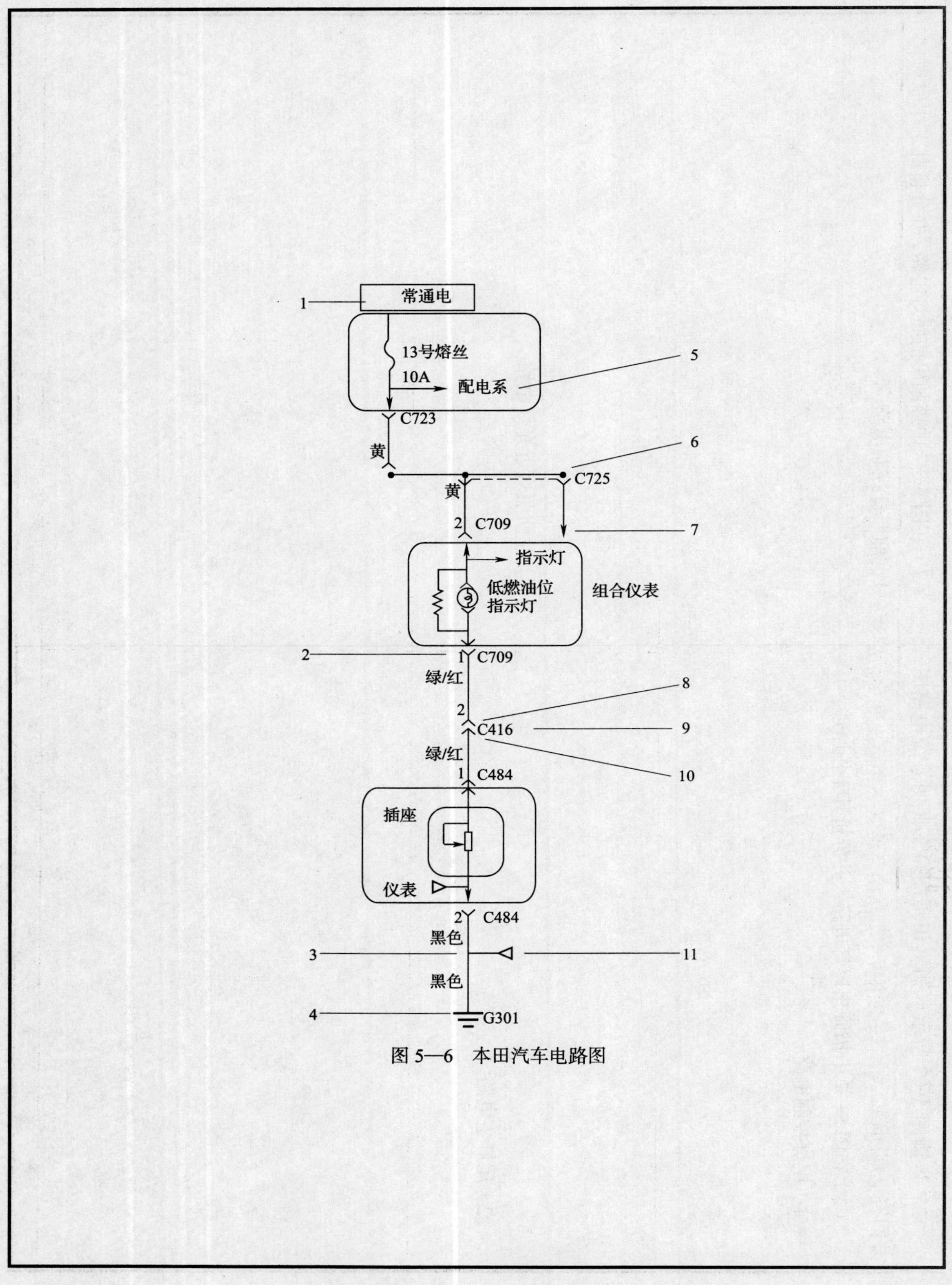

图5—6　本田汽车电路图

2. 识读图 5—7 所示广州本田雅阁轿车照明系统电路图，并回答下列问题。

（1）在图 5—7 中描画出尾灯电路，并分析其工作原理。

1）尾灯控制电路

2）尾灯主电路

（2）在图 5—7 中描画出前照灯电路，并分析其工作原理。

1）前照灯控制电路

2）左前照灯近光灯电路

 班级 学号 姓名

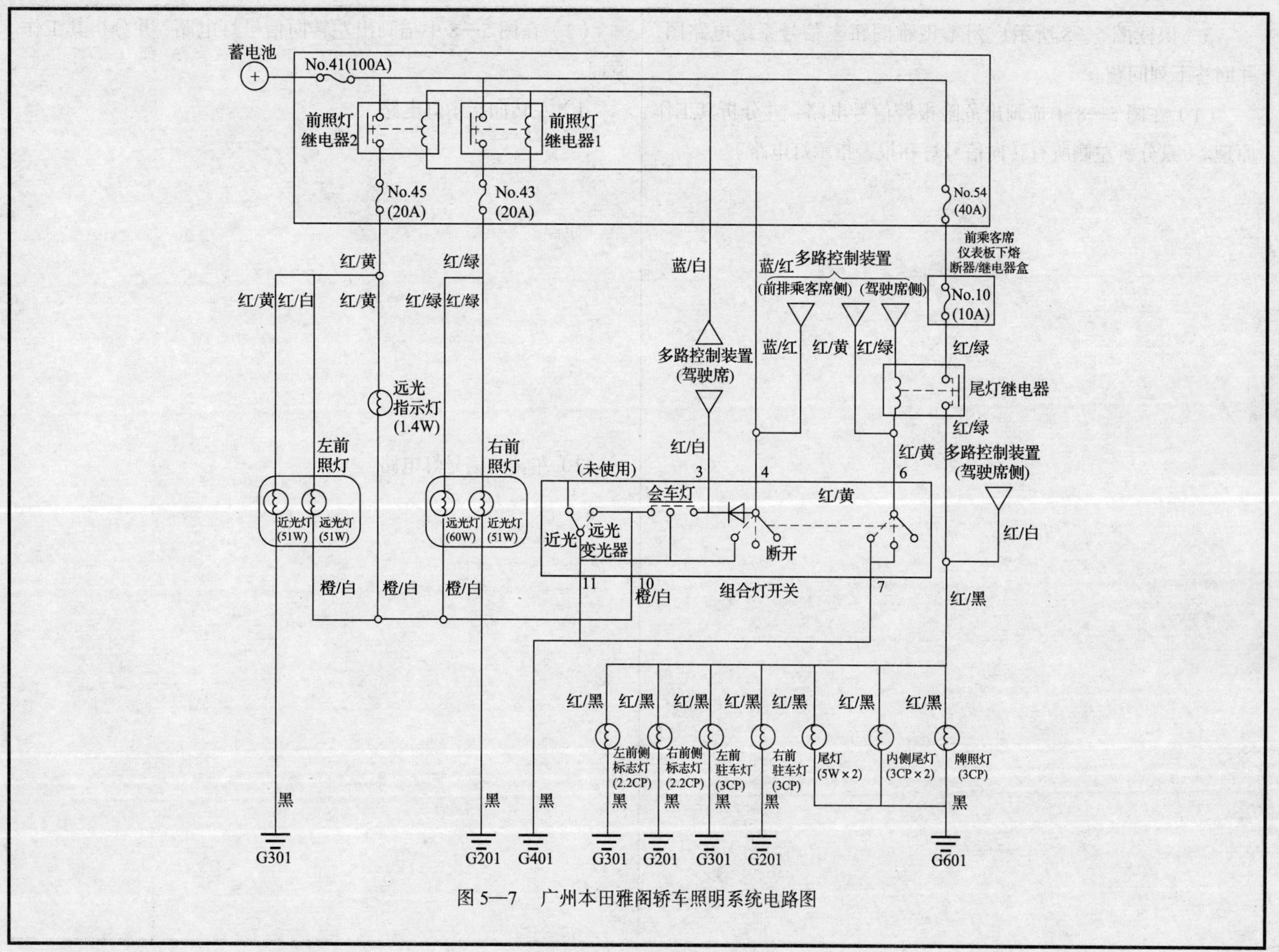

图 5—7　广州本田雅阁轿车照明系统电路图

3. 识读图 5—8 所示广州本田雅阁轿车信号系统电路图，并回答下列问题。

（1）在图 5—8 中描画出危险报警信号电路，并分析其工作原理。（只分析左侧所有转向信号灯和报警指示灯电路）

（2）在图 5—8 中描画出左转向信号灯电路，并分析其工作原理。

1）左转向指示灯电路

2）左转向信号灯电路

 班级 学号 姓名

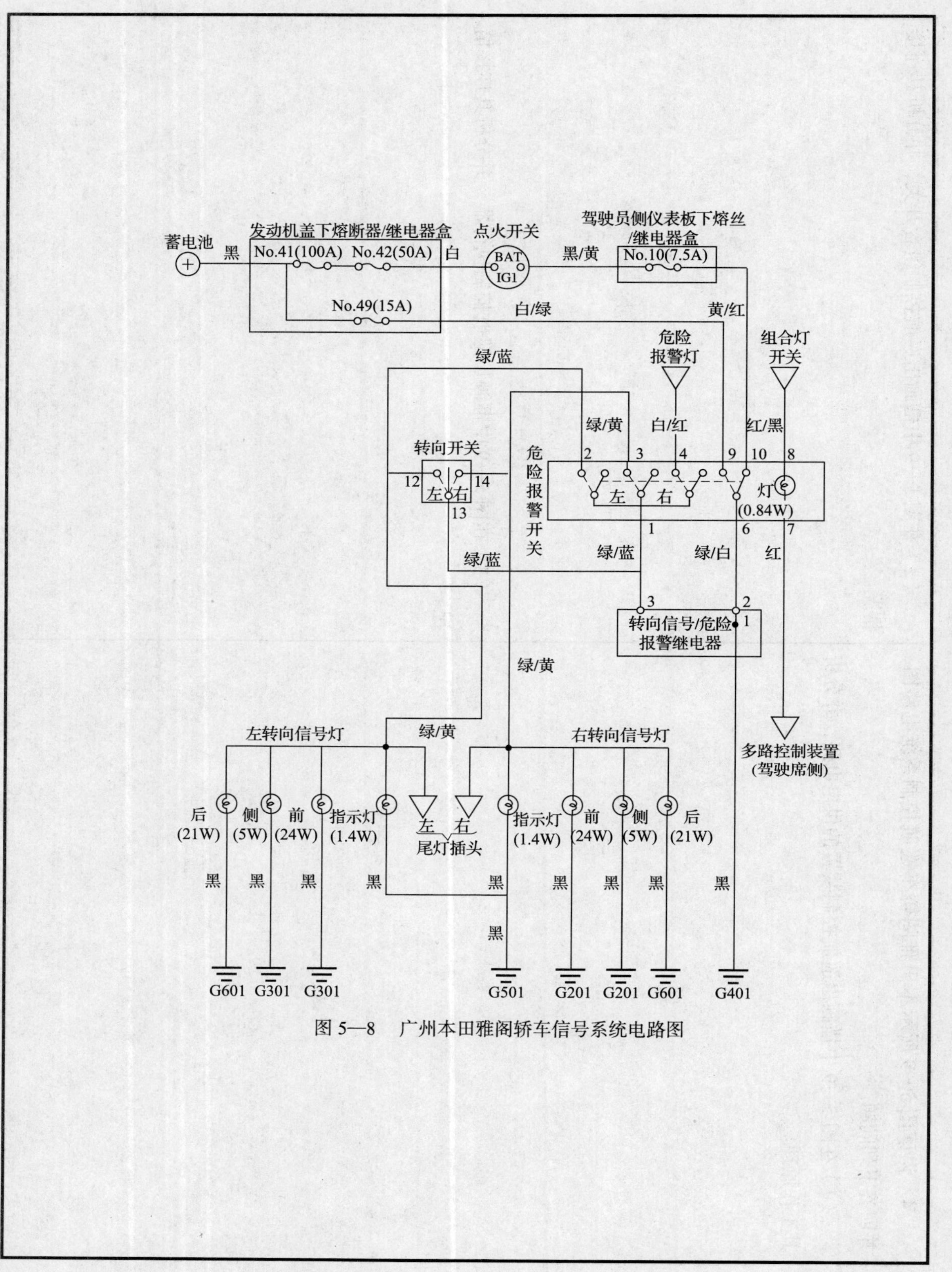

图 5—8 广州本田雅阁轿车信号系统电路图

4. 识读图 5—9 所示本田雅阁轿车巡航控制系统电路图，并回答下列问题。

（1）在图 5—9 中描画出巡航控制装置的供电电路，并分析其工作原理。

（2）在图 5—9 中框画出巡航控制组合开关，并分析其连接情况。

（3）在图 5—9 中框画出巡航控制执行器，并分析其连接情况。

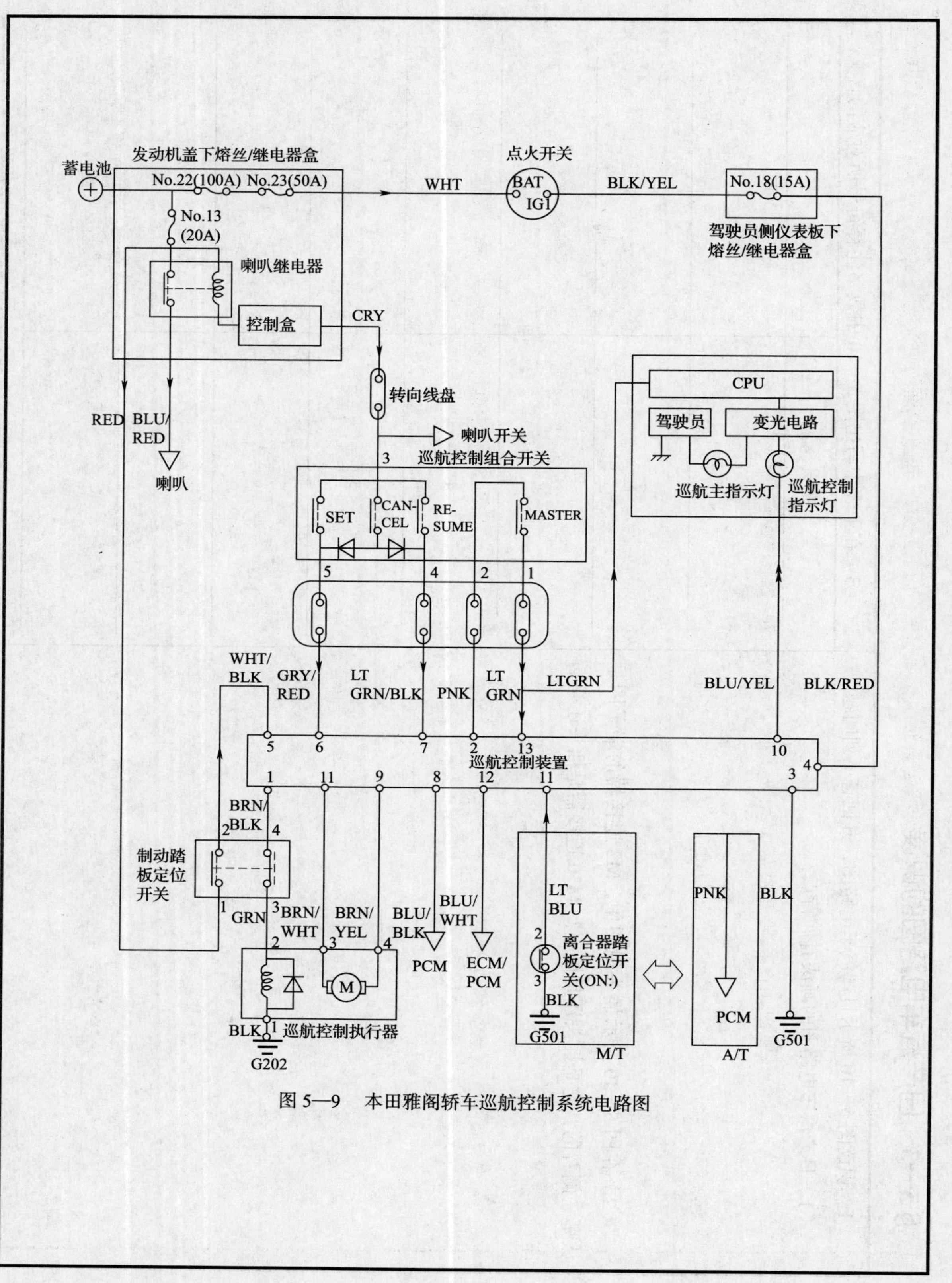

图 5—9 本田雅阁轿车巡航控制系统电路图

§5—3　日产汽车电路图的识读

1. 识读图 5—10 所示日产汽车电路图，并回答下列问题。

（1）日产汽车电路图的画法有何特点？

（2）在图 5—10 所示插头视图中，M2 连接器的端子图是从哪一侧看的？它是插头还是插座？ M10 连接器是插头还是插座？

（3）在下表中写出图 5—10 中数字注释符号所对应的含义。

序号	项目
1	
2	
3	
4	
5	
6	
7	
8	

　班级　　学号　　姓名

续表

序号	项目	序号	项目	序号	项目
9		17		25	
10		18		26	
11		19		27	
12		20		28	
13		21		29	
14		22		30	
15		23		31	
16		24		32	

班级　　学号　　姓名

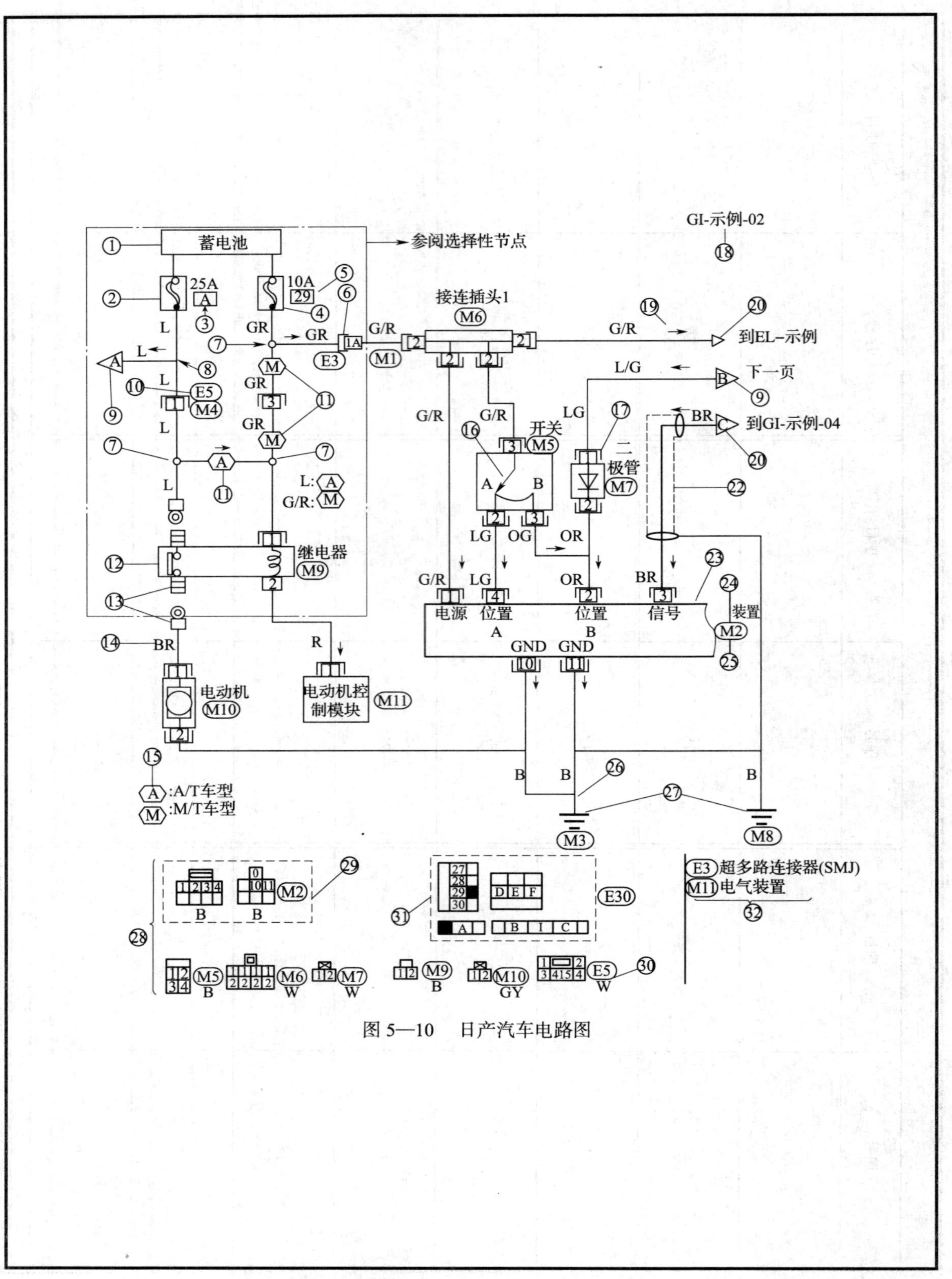

图 5—10　日产汽车电路图

2. 识读图 5—11 所示日产天籁 A/T 车型的起动系统电路图，并回答下列问题。

（1）图 5—11 中点火开关处在什么位置？驻车 / 空挡位置开关处在什么位置？

（2）在图 5—11 中描画出蓄电池电压供电给发动机室智能电源分配模块电路，并分析其工作原理。

1）第一路

2）第二路

3）第三路

（3）在图 5—11 中描画出起动系统控制电路，并分析其工作原理。

1）第一级控制电路

2）第二级控制电路

（4）在图 5—11 中描画出起动系统主电路，并分析其工作原理。

班级　　　学号　　　姓名

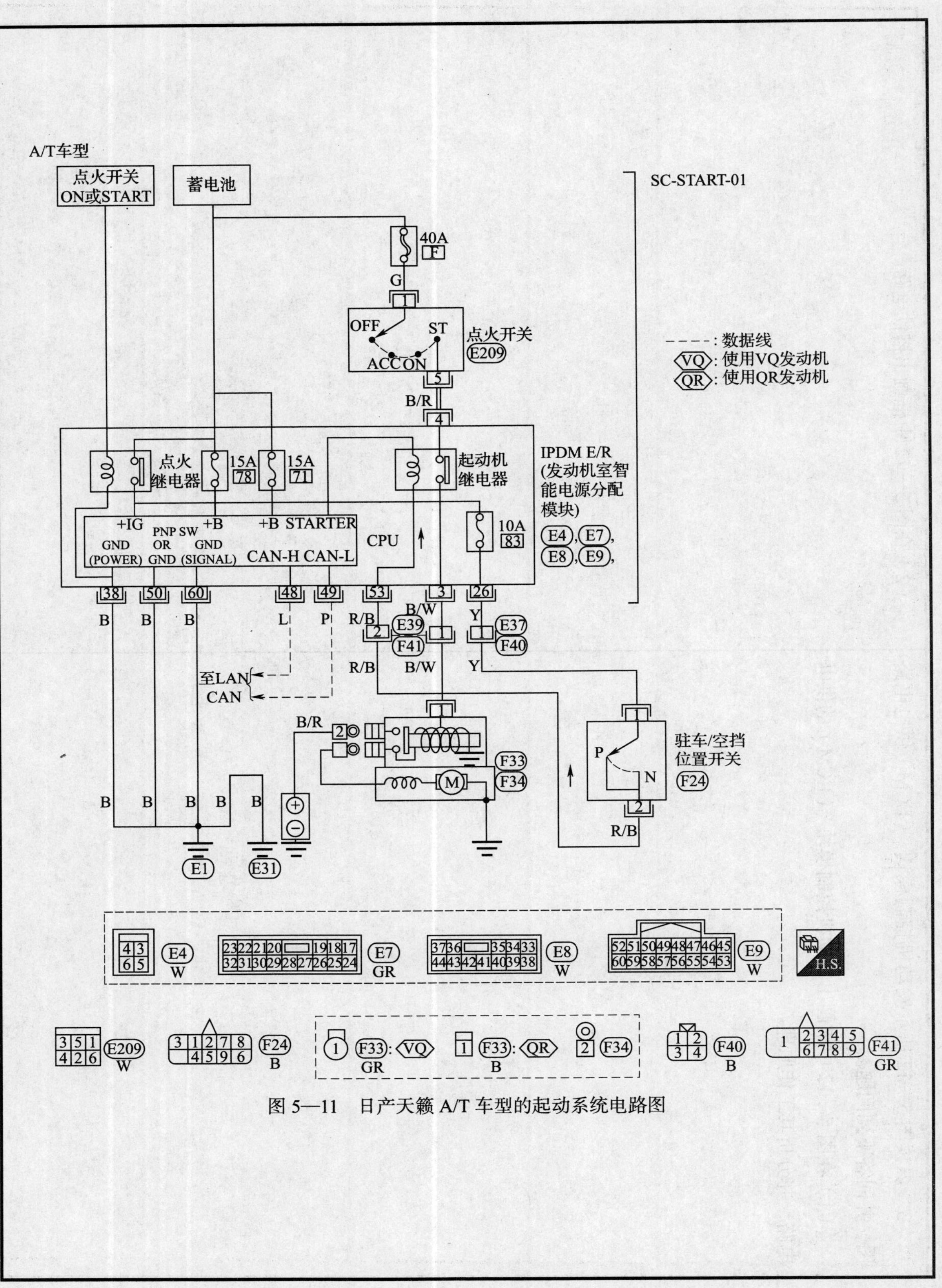

图 5—11 日产天籁 A/T 车型的起动系统电路图

3. 识读图 5—12 所示发动机控制模块 （ECM）供电电路图，并回答下列问题。

（1）在图 5—12 中描画出发动机控制模块 （ECM）的供电电路，并分析其工作原理。

（2）在图 5—12 中框画出搭铁电路。

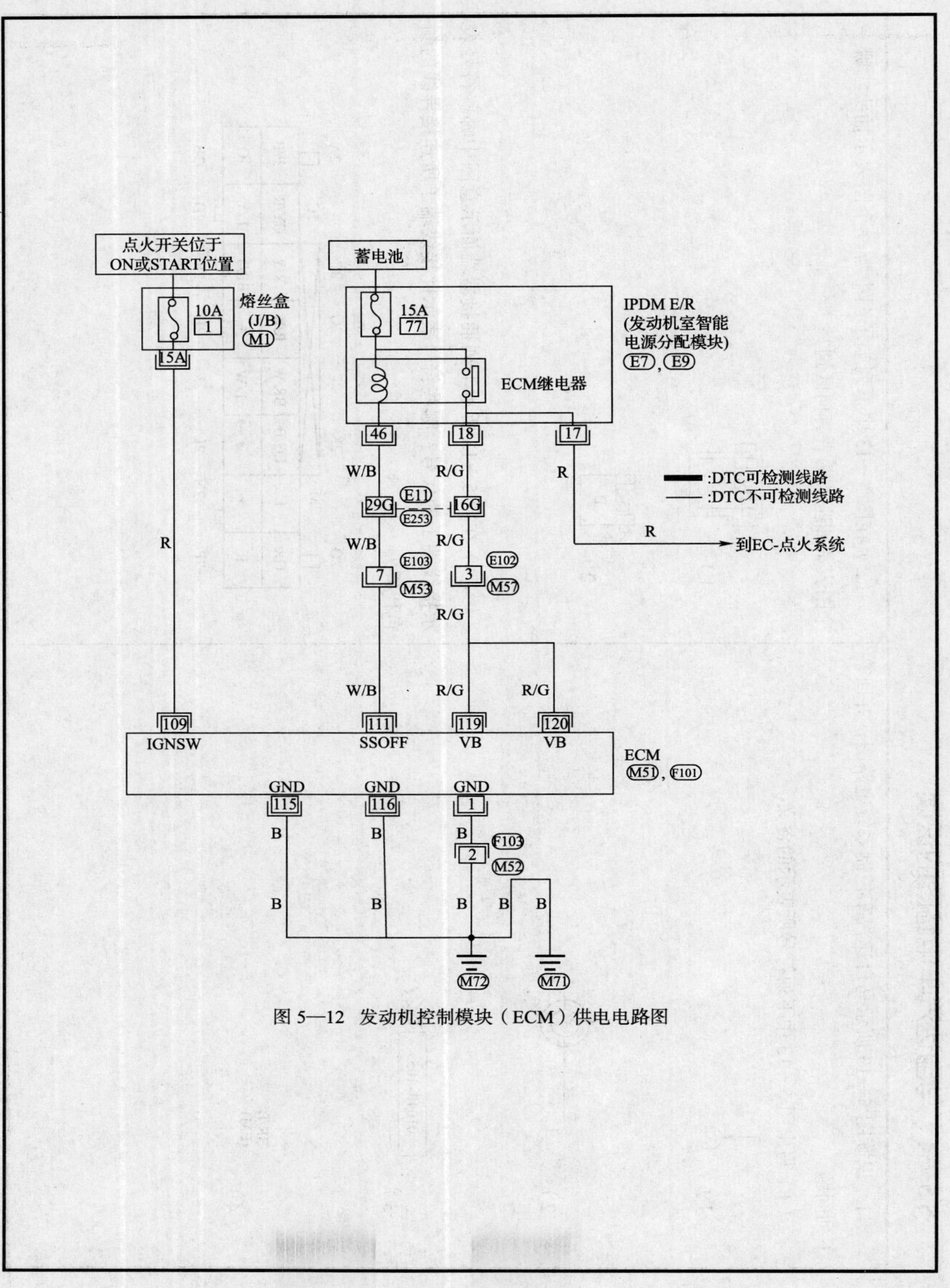

图 5—12 发动机控制模块（ECM）供电电路图

§5—4 马自达汽车电路图的识读

1. 识读图 5—13 所示马自达汽车控制系统电路图，并回答下列问题。

（1）写出图 5—13 中下列符号所表示的含义。

1）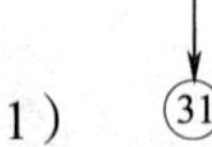

2）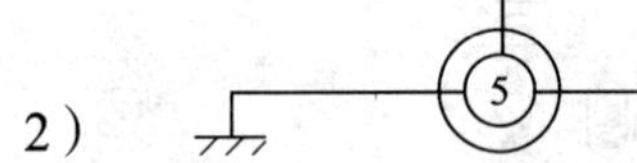

3）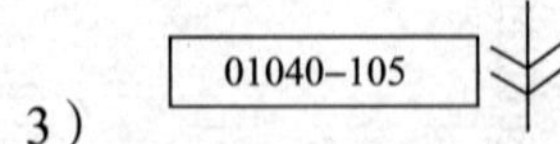

4）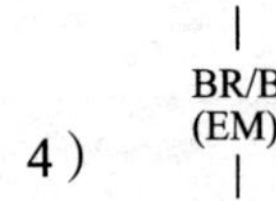

（2）在图 5—13 中下列端子图中哪一个图表示插头？哪一个图表示插座？两者有何区别？

1）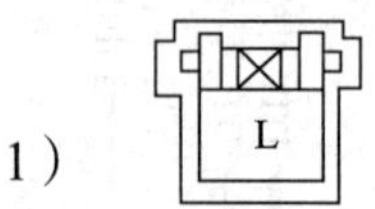

2）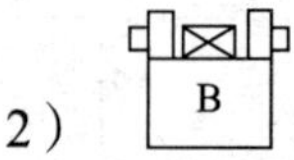

（3）在图 5—13 所示下列插接器端面示意图中哪些符号表示接线端子的代号？哪些符号表示此接线端子所连接导线的颜色代码？

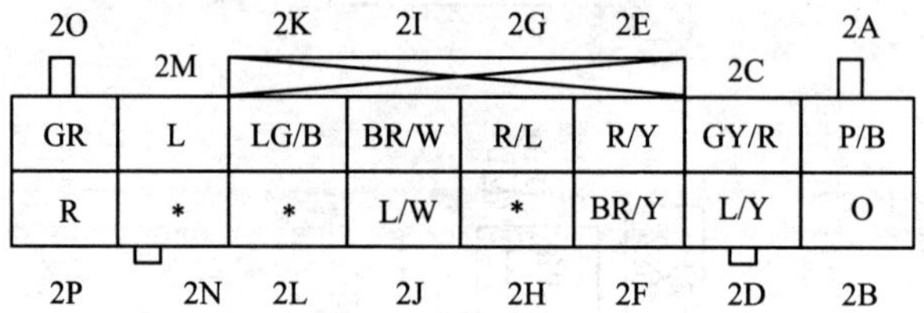

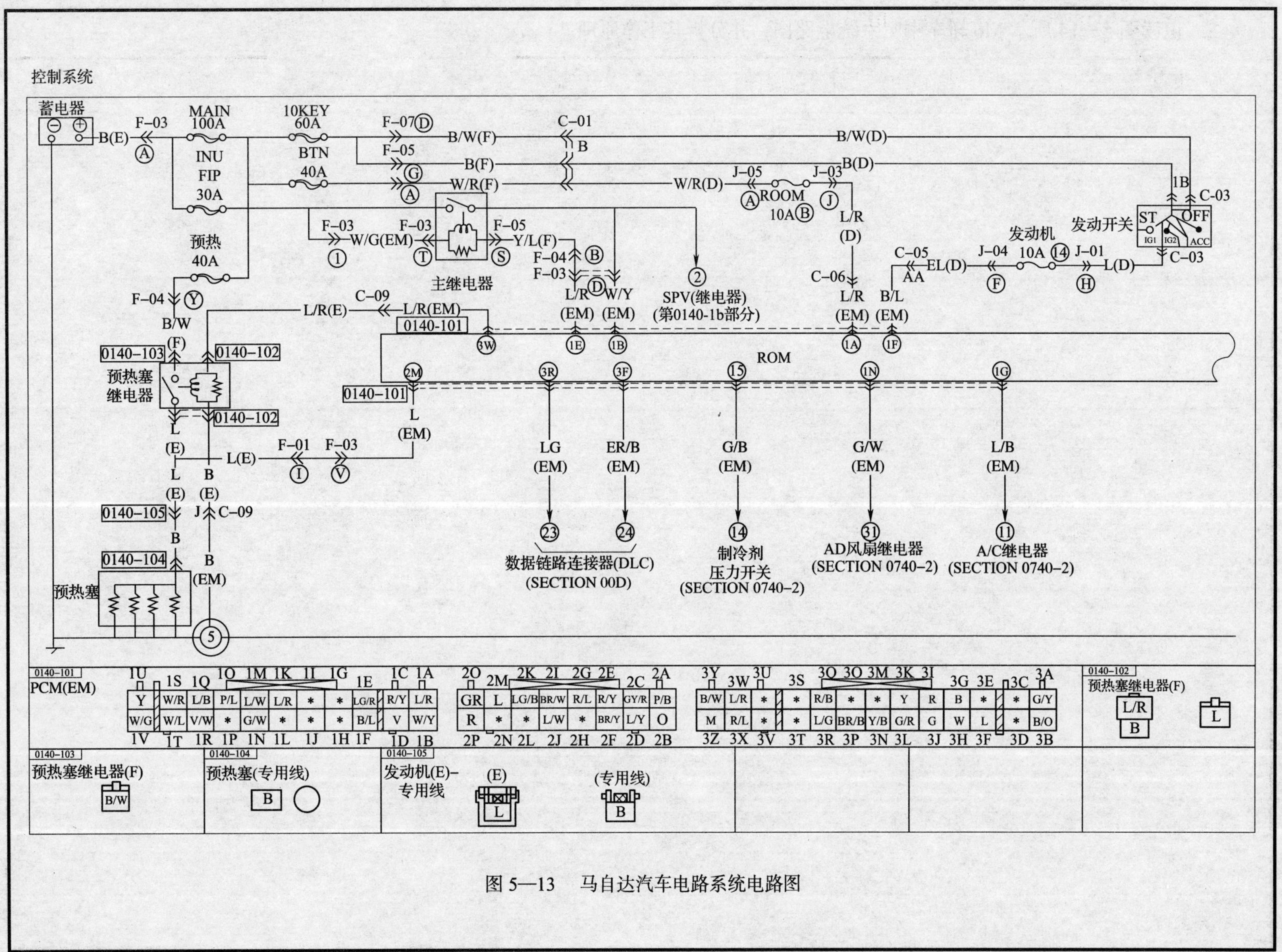

图 5—13　马自达汽车电路系统电路图

2. 识读图 5—14 所示 M6 轿车喇叭系统电路图，并分析其工作原理。

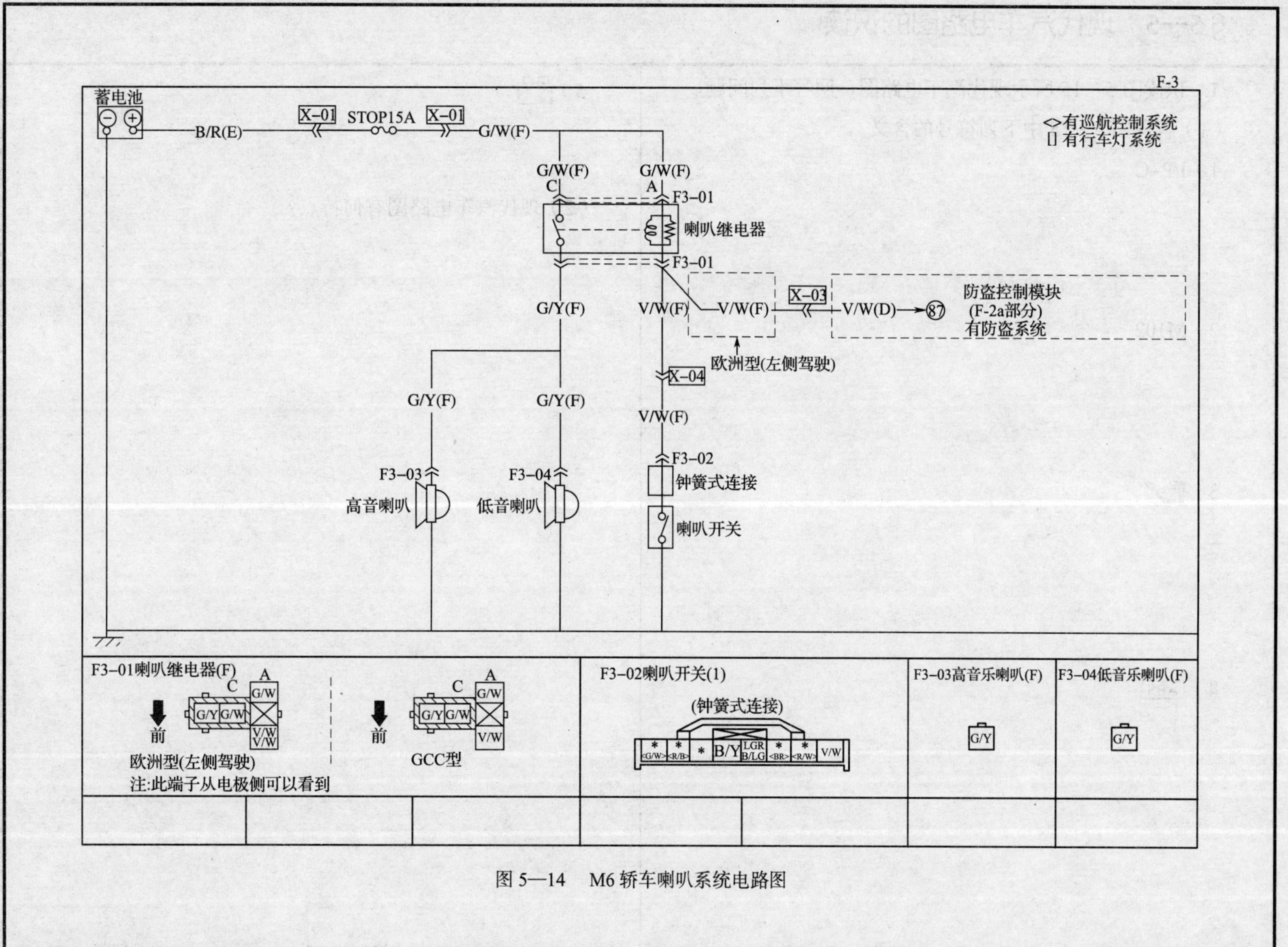

图 5—14　M6 轿车喇叭系统电路图

班级　　　学号　　　姓名

§5—5 现代汽车电路图的识读

1. 识读图 5—15 所示现代汽车电路图，回答下列问题。

（1）解释图 5—15 中下列符号的含义。

1）I/P-C

2）M102

3）

4）ABS

5）

（2）现代汽车电路图有何特点？

班级 学号 姓名

（3）在下表中写出图 5—15 中数字注释符号所对应的含义。

序号	含义	序号	含义
1		10	
2		11	
3		12	
4		13	
5		14	
6		15	
7		16	
8		17	
9			

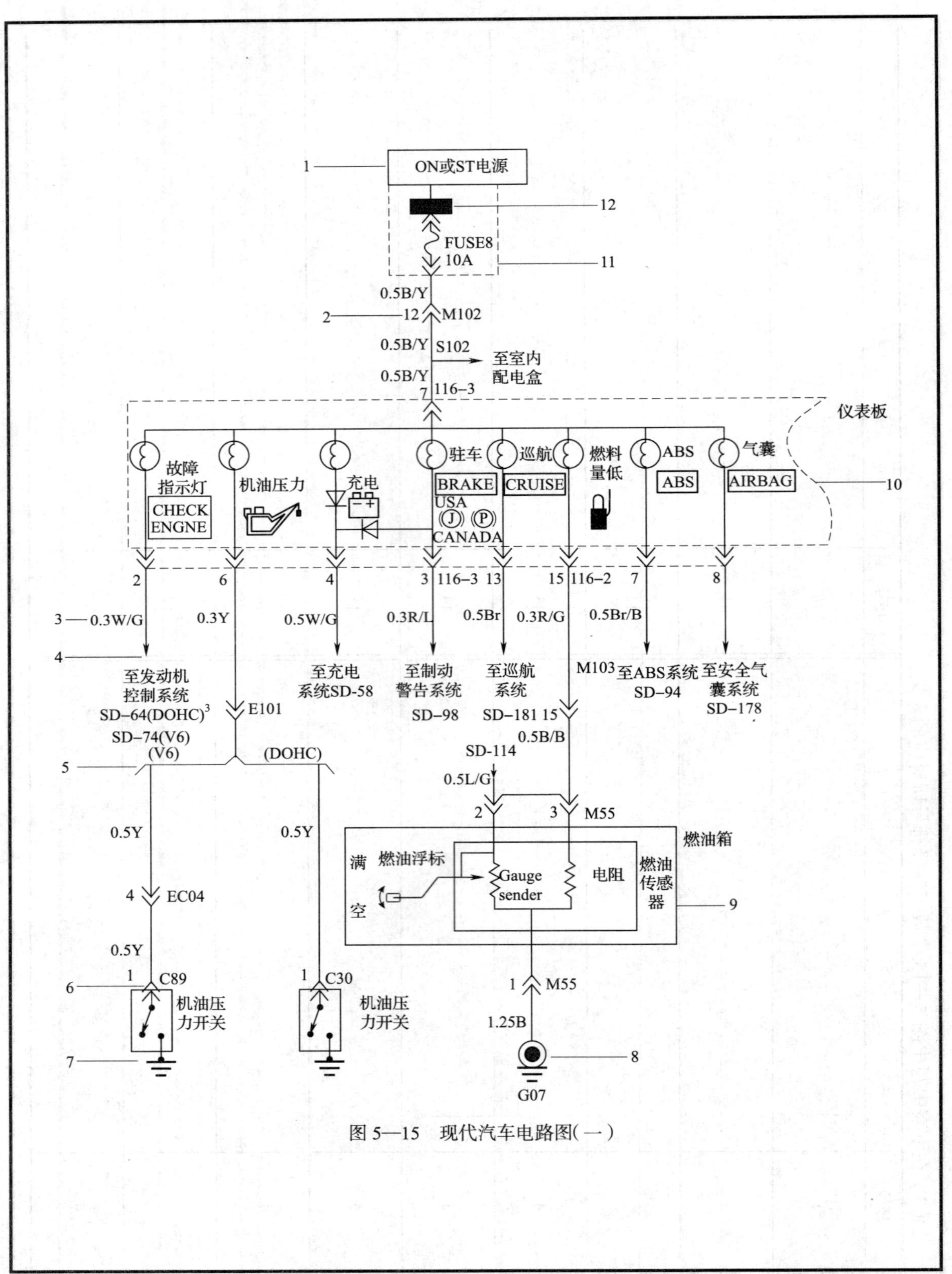

图 5—15 现代汽车电路图（一）

班级 学号 姓名

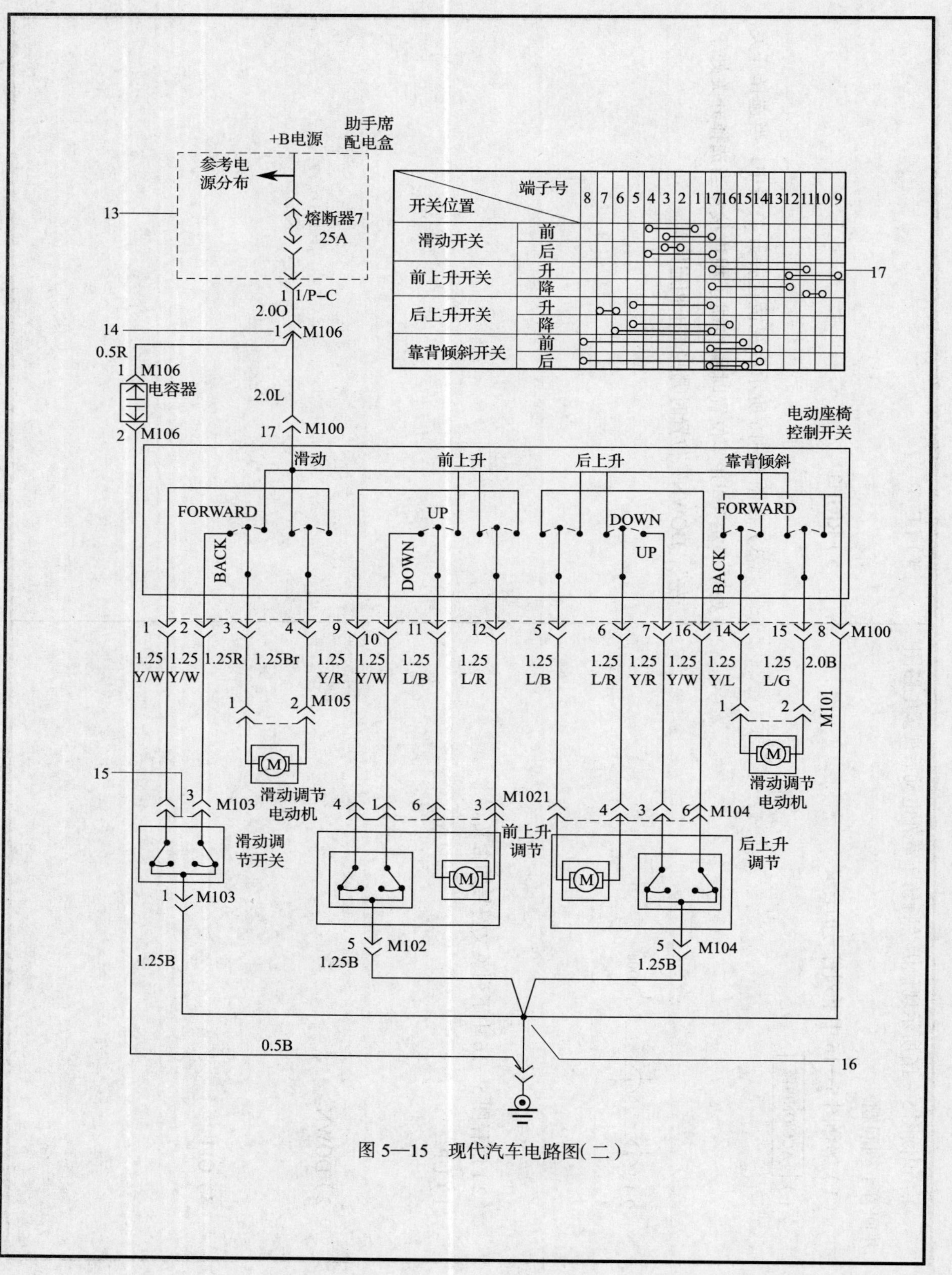

图 5—15 现代汽车电路图(二)

2. 识读图 5—16 所示现代伊兰特轿车室外电动后视镜电路图，并回答下列问题。

（1）解释图 5—16 中下列符号的含义。

1）ACC/ON电源

2）6 8 7 D06

（2）解释图 5—16 中下列英文符号的含义。

1）UP

2）DOWN

3）OFF

4）LEFT

5）RIGHT

（3）在图 5—16 所示后视镜选择开关表中，当选择开关处于“左”“UP”位置时哪些端子相连接？当选择开关处于“左”“DOWN”位置时哪些端子相连接？

（4）在图 5—16 中描画出左侧后视镜向上调整控制电路，并分析其工作原理。

（5）在图 5—16 中描画出右侧后视镜向上调整控制电路，并分析其工作原理。

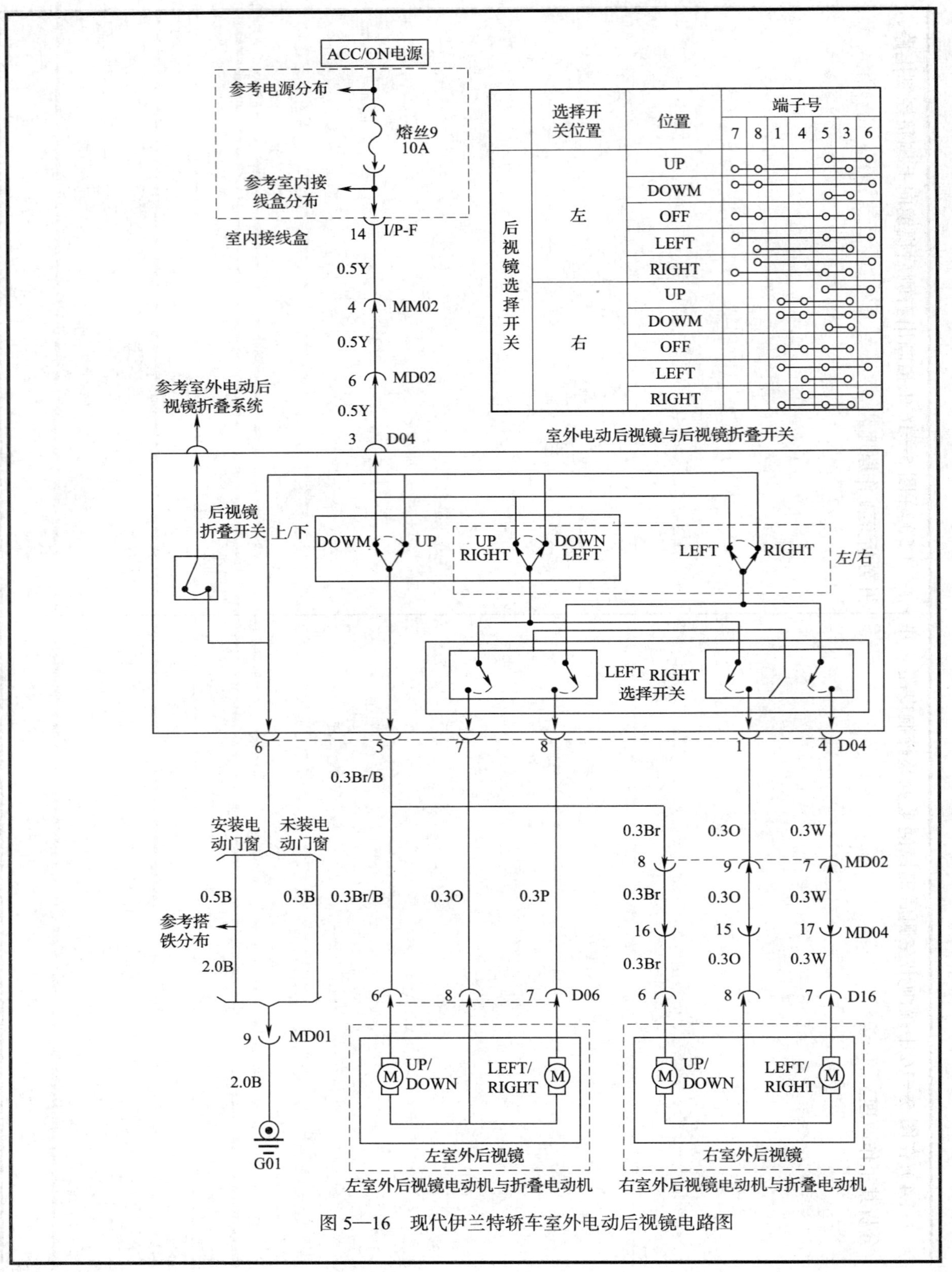

图 5—16　现代伊兰特轿车室外电动后视镜电路图

3. 识读图 5—17 所示现代索纳塔轿车油箱盖及行李箱盖开关电路图，并回答下列问题。

电路说明：蓄电池经过 8 号熔断器始终作用在油箱盖和行李箱盖开关上。当油箱盖开关或行李箱盖开关在“ON”位置时，电流作用在油箱盖控制器或行李箱盖电磁阀上，这时油箱盖或行李箱盖被打开；当用车门钥匙开行李箱时，行李箱盖继电器的线圈电路接通，行李箱盖继电器动作，电流作用在行李箱盖电磁阀上，行李箱盖打开。

（1）如图 5—17 所示，当油箱盖开关或行李箱盖开关在“ON”位置时，电流作用在油箱盖控制器或行李箱盖电磁阀上，这时油箱盖或行李箱盖被打开。分析图中行李箱盖继电器控制电路的工作原理和主电路的工作原理。

（2）如图 5—17 所示，当用车门钥匙开行李箱时，行李箱盖继电器的线圈电路接通，行李箱盖继电器动作，电流作用在行李箱盖电磁阀上，行李箱盖打开。分析图中行李箱盖继电器控制电路的工作原理和主电路的工作原理。

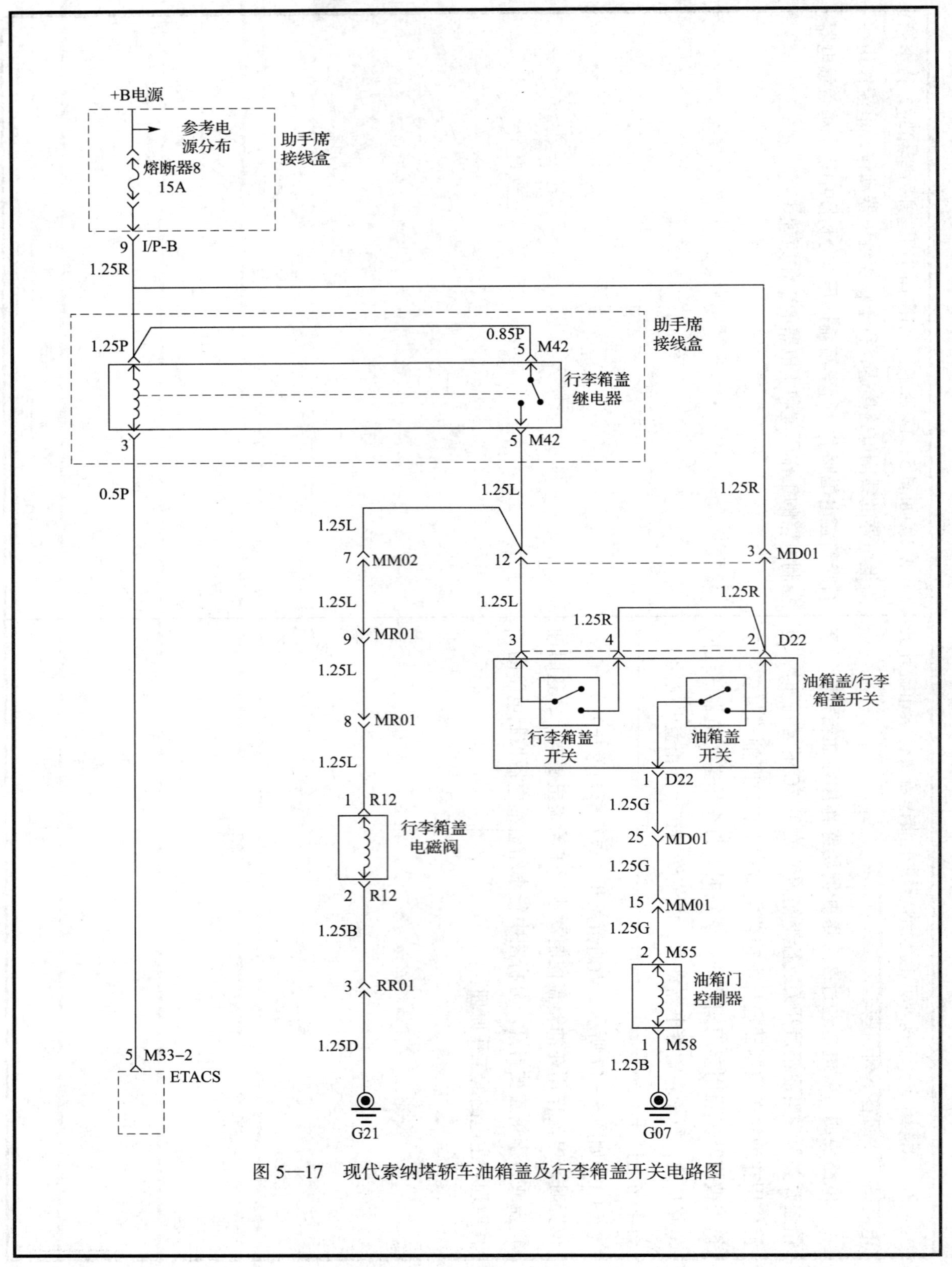

图 5—17　现代索纳塔轿车油箱盖及行李箱盖开关电路图

§5—6 大众汽车电路图的识读

1. 识读图 5—18 所示大众汽车电路图，按要求回答下列问题。

（1）在下表中填出图 5—18 中数字注释符号所表示的含义。

序号	含义	序号	含义	序号	含义
1		8		15	
2		9		16	
3		10		17	
4		11		18	
5		12		19	
6		13			
7		14			

（2）图 5—18 中的电路是按什么方式绘制的？

（3）图 5—18 采用了什么方法来解决电路的交叉问题？

（4）在图 5—18 中，标出常电源线（也称常火线）、小容量火线（也称点火线）和大容量火线（也称卸荷线）。小容量火线和大容量火线在什么条件下才能通电？

（5）图 5—18 中全车电路图分为三部分，各部分的主要内容是什么？

 班级 学号 姓名

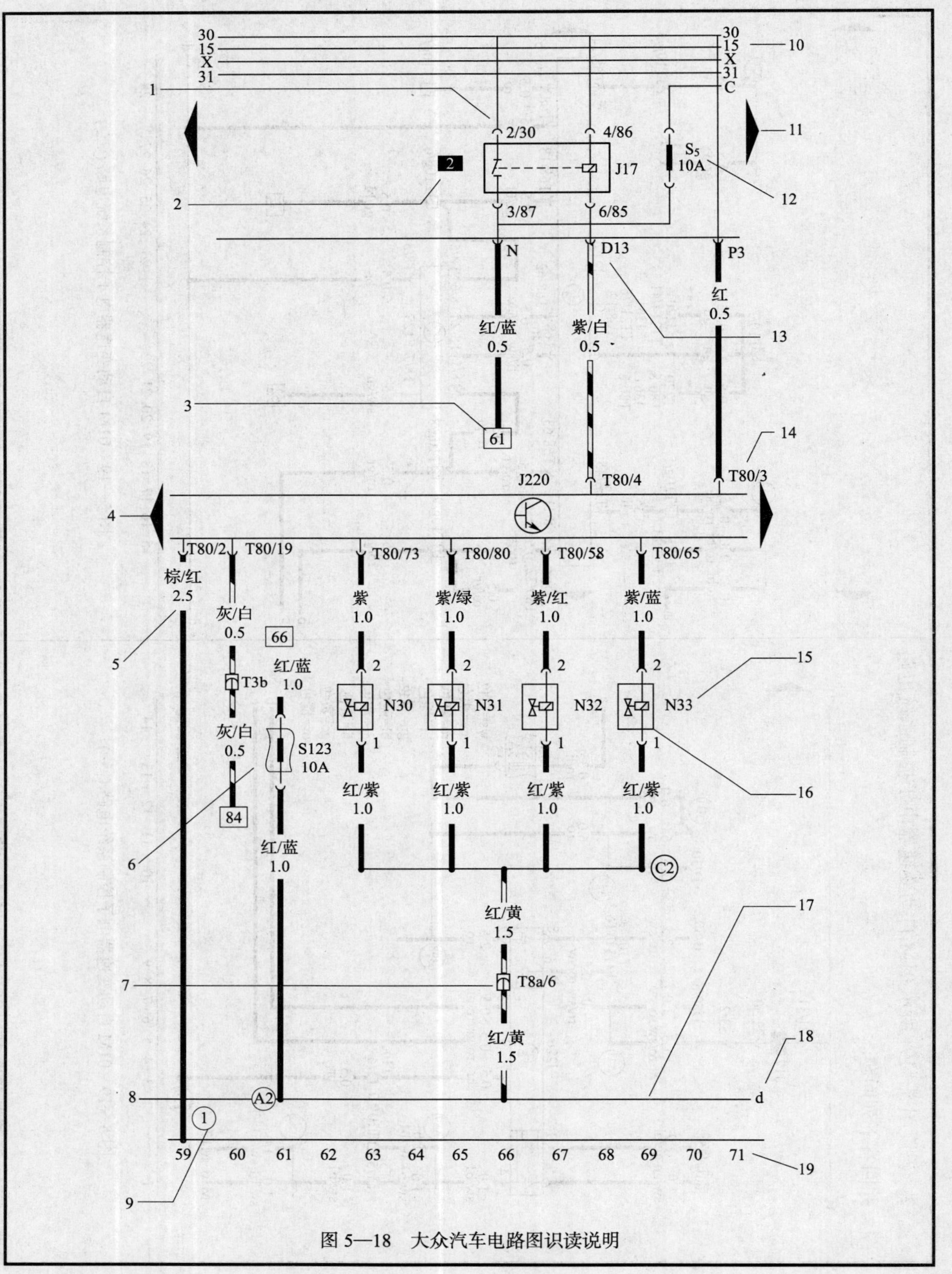

图 5—18 大众汽车电路图识读说明

2. 识读图 5—19 所示 01M 自动变速器电子控制系统电路图，并回答下列问题。

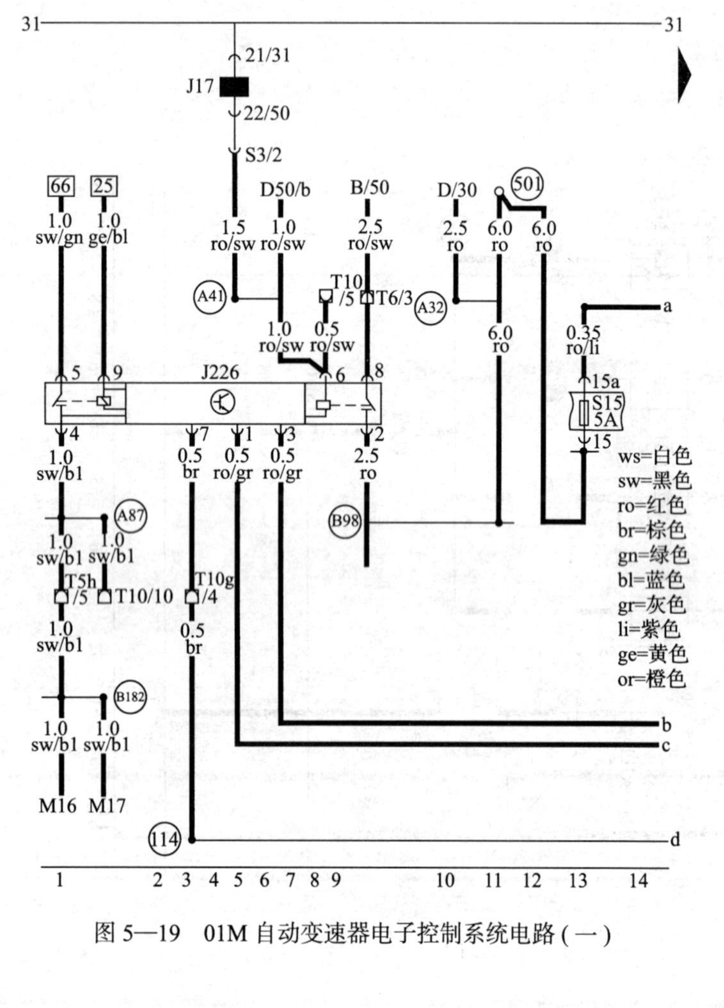

图 5—19 01M 自动变速器电子控制系统电路(一)

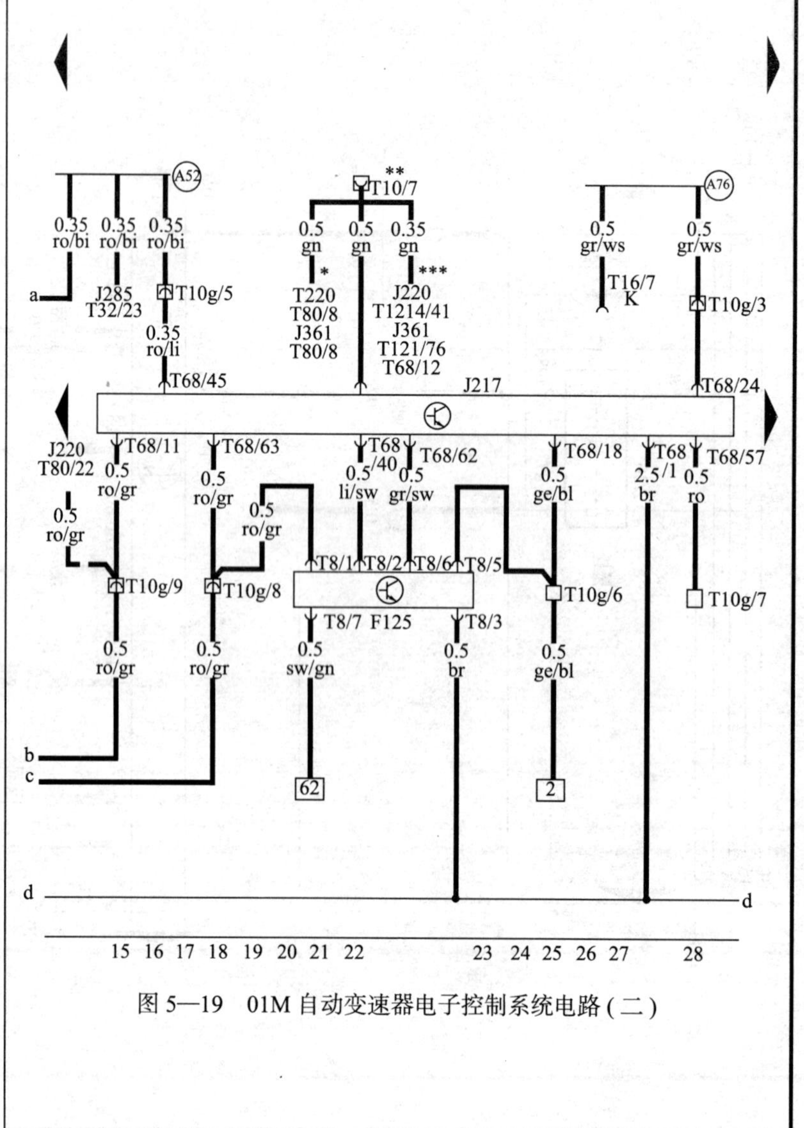

图 5—19 01M 自动变速器电子控制系统电路(二)

 班级 学号 姓名

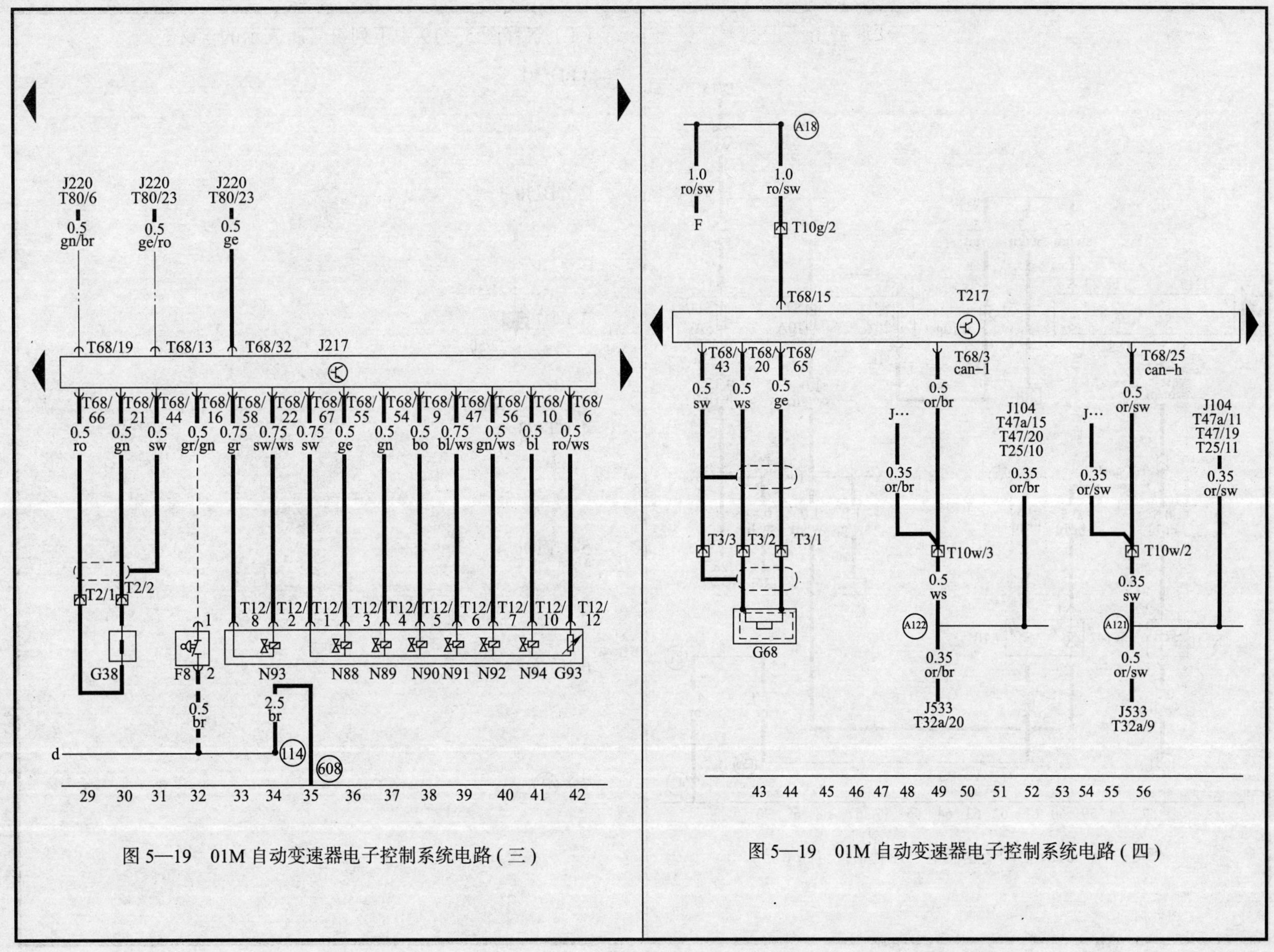

图 5—19 01M 自动变速器电子控制系统电路（三）

图 5—19 01M 自动变速器电子控制系统电路（四）

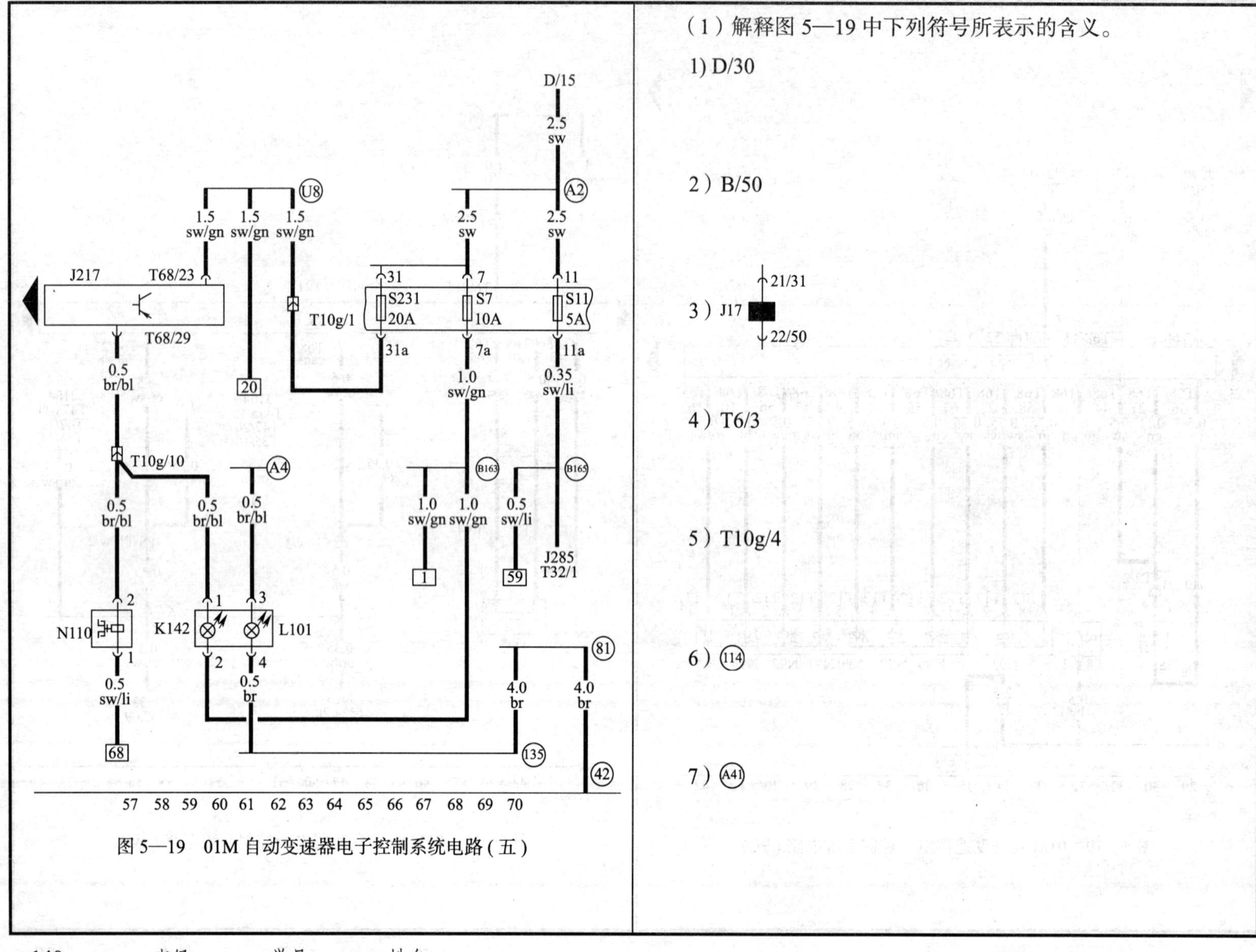

图 5—19 01M 自动变速器电子控制系统电路(五)

(1)解释图 5—19 中下列符号所表示的含义。

1) D/30

2)B/50

3)J17 21/31 22/50

4)T6/3

5)T10g/4

6)(114)

7)(A41)

（2）举例说明图 5—19 中使用了哪几种形式的中断标志。

（3）在下表中写出图 5—19 中导线颜色代码所表示的颜色。

颜色代码	导线颜色	颜色代码	导线颜色
br		sw/li	
sw		sw/gn	
ws		br/bl	
or		or/sw	
gn		ge/ro	
ro		gr/sw	

（4）在图 5—19 中找出下表中的电器元件代号，并写出其表示的电器元件名称。

电器元件代号	电器元件名称	电器元件代号	电器元件名称
B		G93	
D		F125	
J226		F8	
J220		F	
J217		N110	
G68		N88	
G38		N93	

（5）在图 5—19 中描画出下列电路，并分析其工作原理。

1）自动变速器电控单元 J217 的常火供电电路。

2）自动变速器电控单元 J217 的点火供电电路。

3）自动变速器电控单元 J217 的搭铁供电电路。

（6）在图 5—19 中框画出车速传感器 G68 电路，并分析其与自动变速器电控单元 J217 的连接关系。

（7）在图 5—19 中框画出变速器转速传感器 G38 电路，并分析其与自动变速器电控单元 J217 的连接关系。

（8）在图 5—19 中框画出多功能开关 F125 电路，并分析其与自动变速器电控单元 J217 的连接关系。

班级　　学号　　姓名

§5—7 奔驰汽车电路图的识读

1. 识读图 5—20 所示奔驰汽车电路图，并按要求回答下列问题。

（1）图 5—20 是采用什么方法来确定电器元件在电路图中的位置的？

（2）写出下列电器元件在图 5—20 中的位置。

1）M5/1

2）M6/2

3）W14

4）F1

5）R2/7

6）N10

（3）写出图 5—20 所示下列表中字母代码所表示的电器元件种类。

代码字母	电器种类	代码字母	电器种类
M		S	
N		K	
W		X	
F		R	

（4）在下表中填出图 5—20 中数字注释符号所表示的含义。

序号	含义	序号	含义
①		⑥	
②		⑦	
③		⑧	
④		⑨	
⑤		⑩	

 班级 学号 姓名

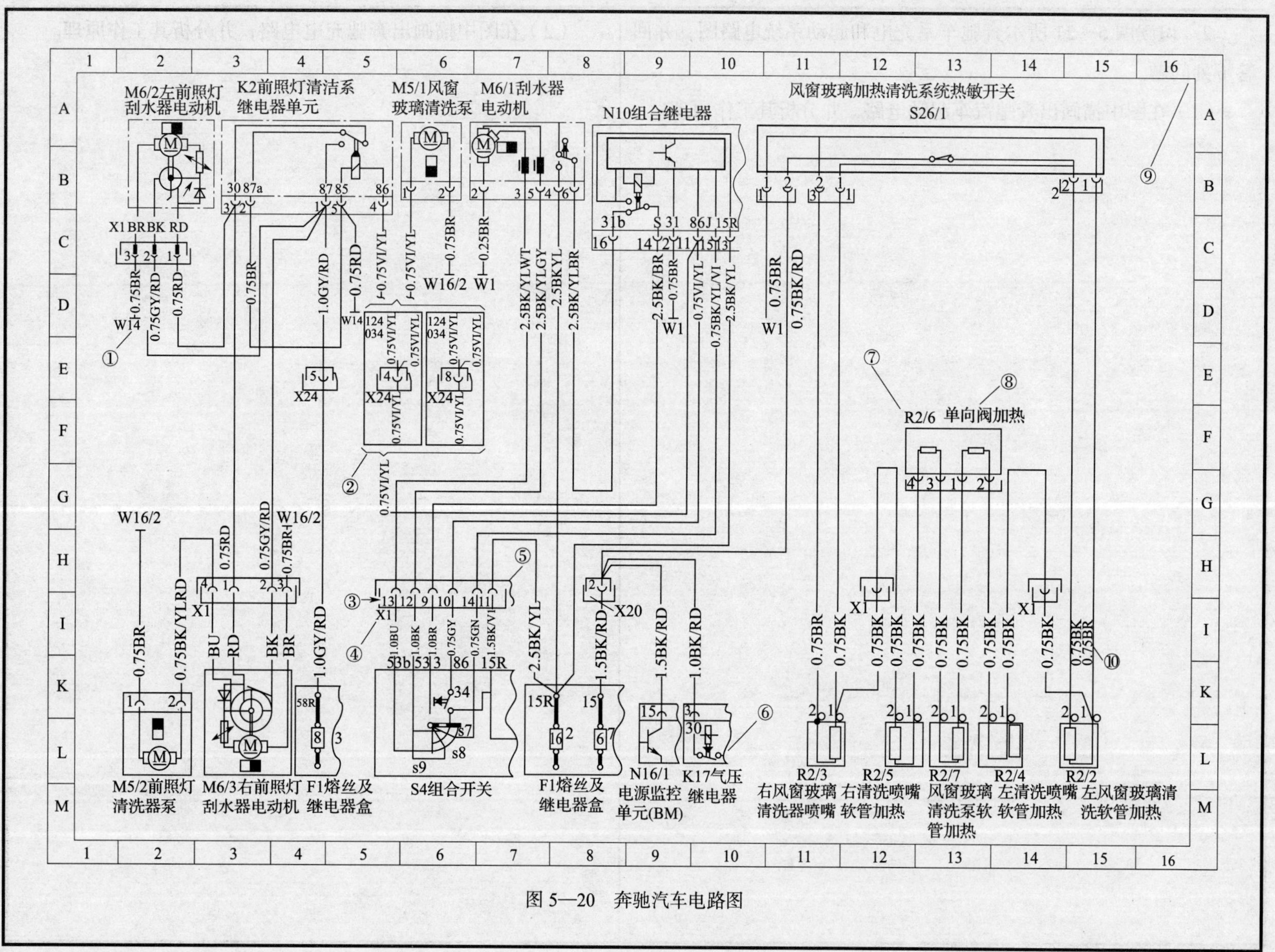

图 5—20　奔驰汽车电路图

2. 识读图 5—21 所示奔驰车系充电和起动系统电路图，并回答下列问题。

（1）在图中描画出奔驰汽车起动电路，并分析其工作原理。

（2）在图中描画出奔驰充电电路，并分析其工作原理。

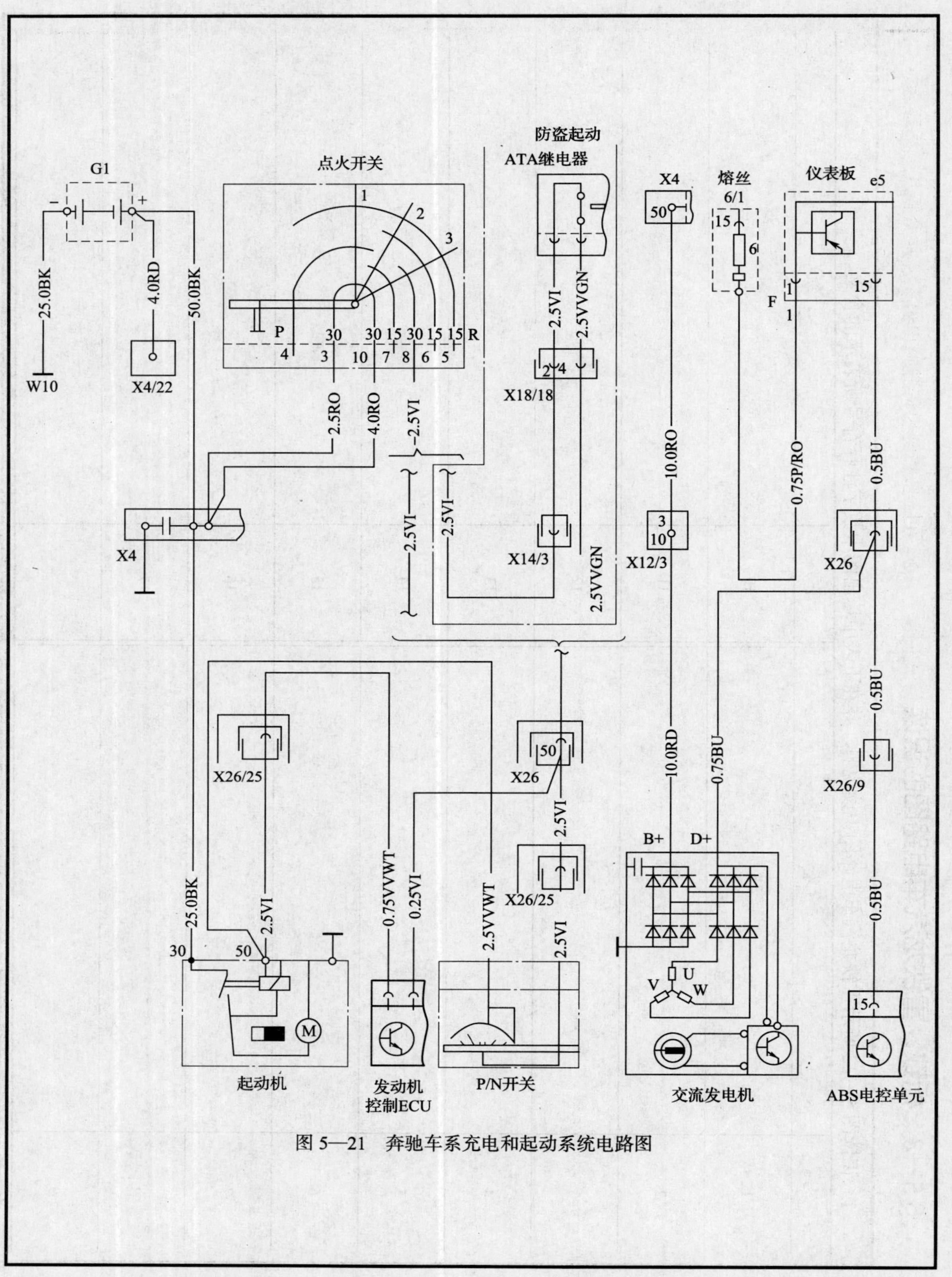

图 5—21 奔驰车系充电和起动系统电路图

§5—8 标致、雪铁龙汽车电路图的识读

1. 识读图 5—22 所示雪铁龙汽车电路图识读说明，并在下表中填出图中数字注释符号所表示的含义。

序号	含义	序号	含义
1		10	
2		11	
3		12	
4		13	
5		14	
6		15	
7		16	
8		17	
9			

 班级　　学号　　姓名

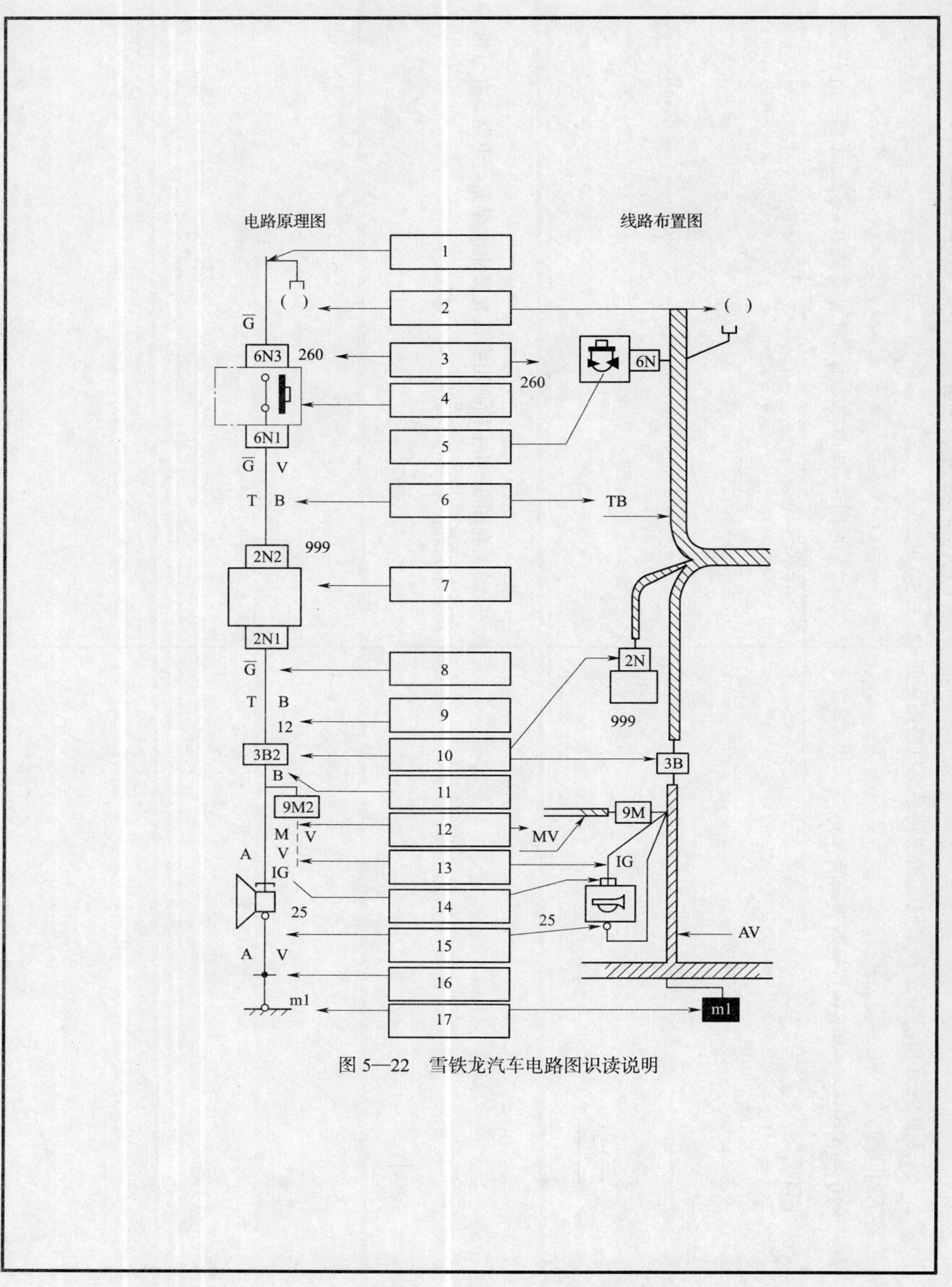

图 5—22　雪铁龙汽车电路图识读说明

2. 识读图 3—4 所示富康汽车充电和起动系统电路图，并回答下列问题。

（1）写出图 3—4 中下列符号所表示的含义。

1）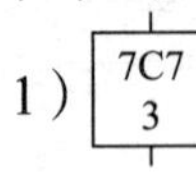

2）14N3

3）A | V

4）$\overline{\text{Or}}$

5）|B1

（2）在图 3—4 中描画出雪铁龙富康汽车起动电路，并分析其工作原理。

（3）在图 3—4 中描画出雪铁龙富康汽车充电电路，并分析其工作原理。

§5—9　通用汽车电路图的识读

1. 识读图 5—23 所示上海通用别克轿车电路图，并在下表中填出图中数字注释符号所表示的含义。

序号	含义	序号	含义
1		13	
2		14	
3		15	
4		16	
5		17	
6		18	
7		19	
8		20	
9		21	
10		22	
11		23	
12		24	

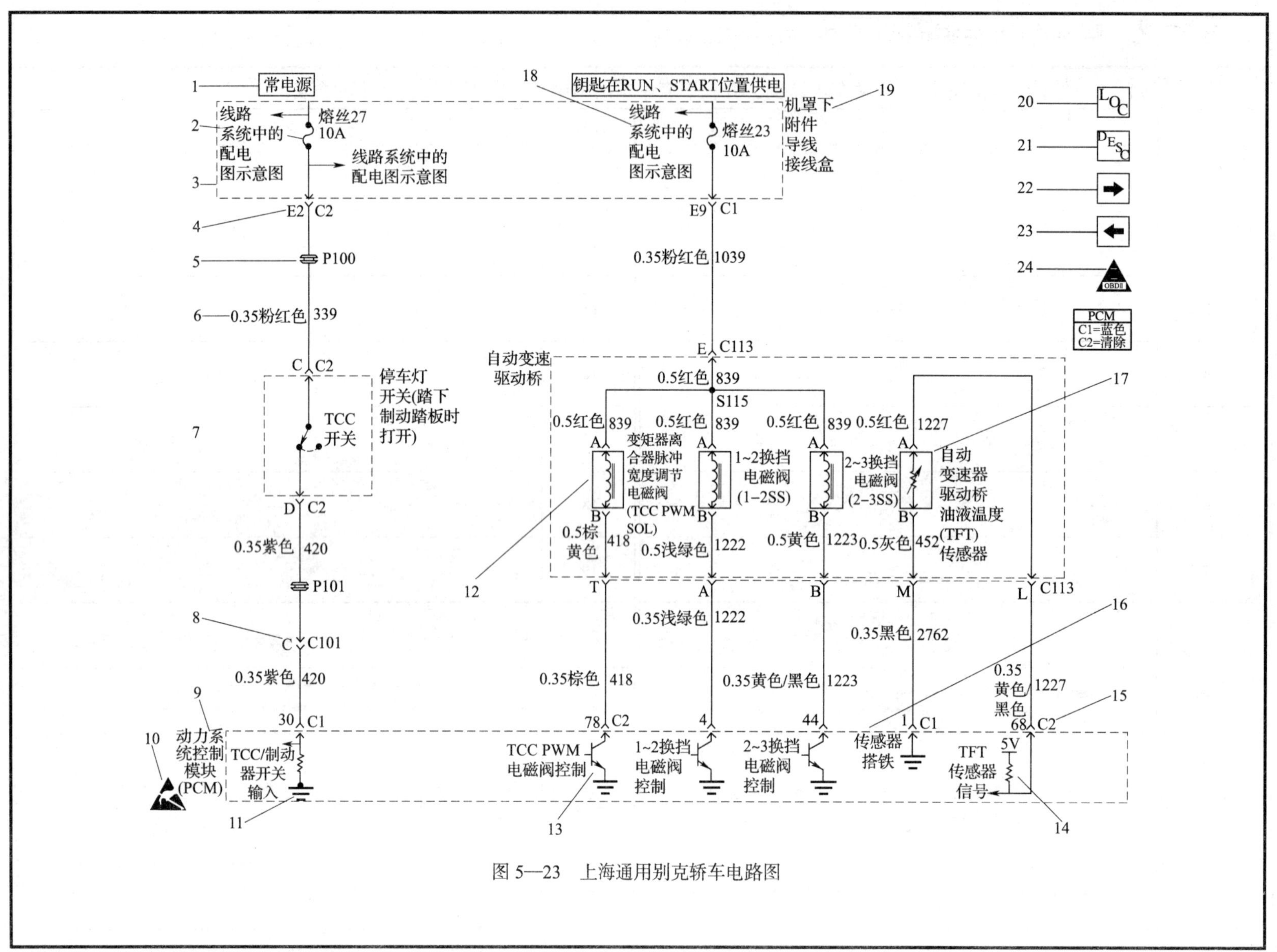

图 5—23　上海通用别克轿车电路图

班级　　　学号　　　姓名

2. 识读图 5—24 所示上海通用别克君越轿车冷却风扇控制电路，并回答下列问题。

（1）在图 5—24 中描画出上海通用别克君越轿车冷却风扇低速运行控制电路，并分析其工作原理。

（2）在图 5—24 中描画出上海通用别克君越轿车冷却风扇高速运行控制电路，并分析其工作原理。

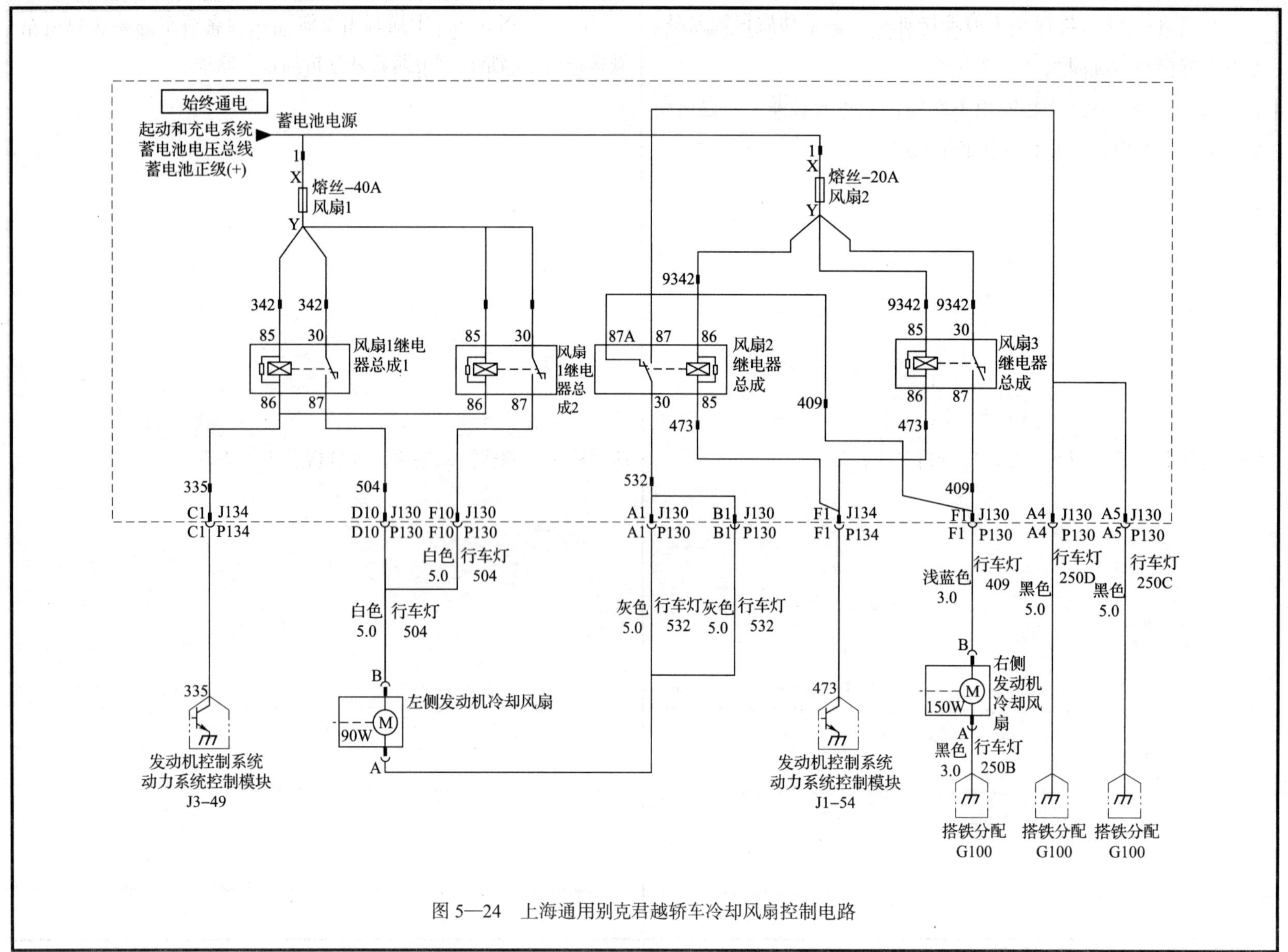

图 5—24 上海通用别克君越轿车冷却风扇控制电路

 班级 学号 姓名

3. 识读图 5—25 所示上海通用别克轿车电动后视镜电路，以左后视镜调整为例回答下列问题。

（1）在图 5—25 中描画出上海通用别克轿车电动后视镜左侧后视镜上升调整控制电路，并分析其工作原理。

（2）在图 5—25 中描画出上海通用别克轿车电动后视镜左侧后视镜下降调整控制电路，并分析其工作原理。

（3）在图 5—25 中描画出上海通用别克轿车电动后视镜左侧后视镜左调整控制电路，并分析其工作原理。

（4）在图 5—25 中描画出上海通用别克轿车电动后视镜左侧后视镜右调整控制电路，并分析其工作原理。

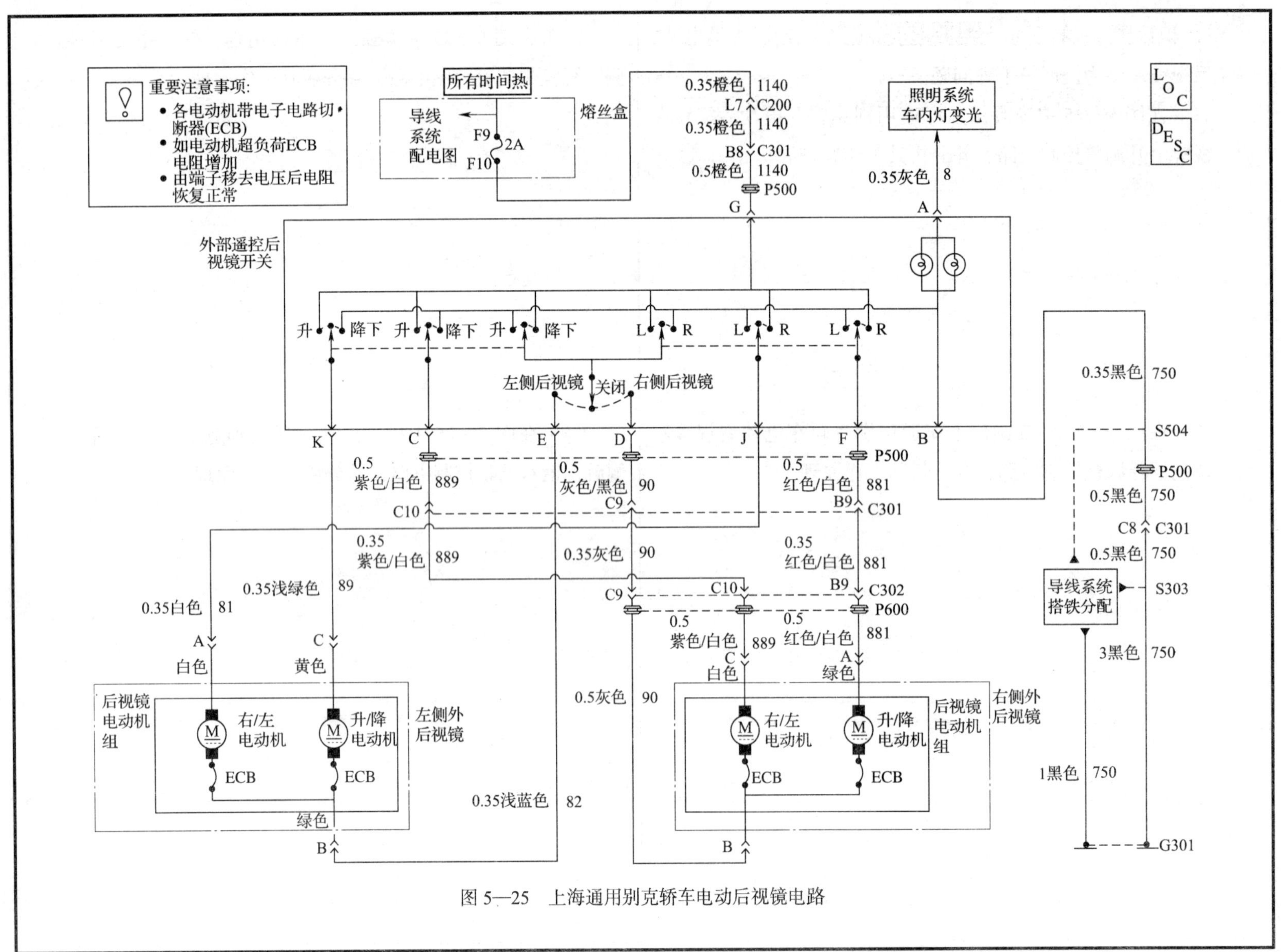

图 5—25 上海通用别克轿车电动后视镜电路

§5—10 福特汽车电路图的识读

1. 识读图 5—26 所示福特汽车电路图，并在下表中填出图中数字注释符号所表示的含义。

序号	含义	序号	含义
1		9	
2		10	
3		11	
4		12	
5		13	
6		14	
7		15	
8		16	

班级　　学号　　姓名

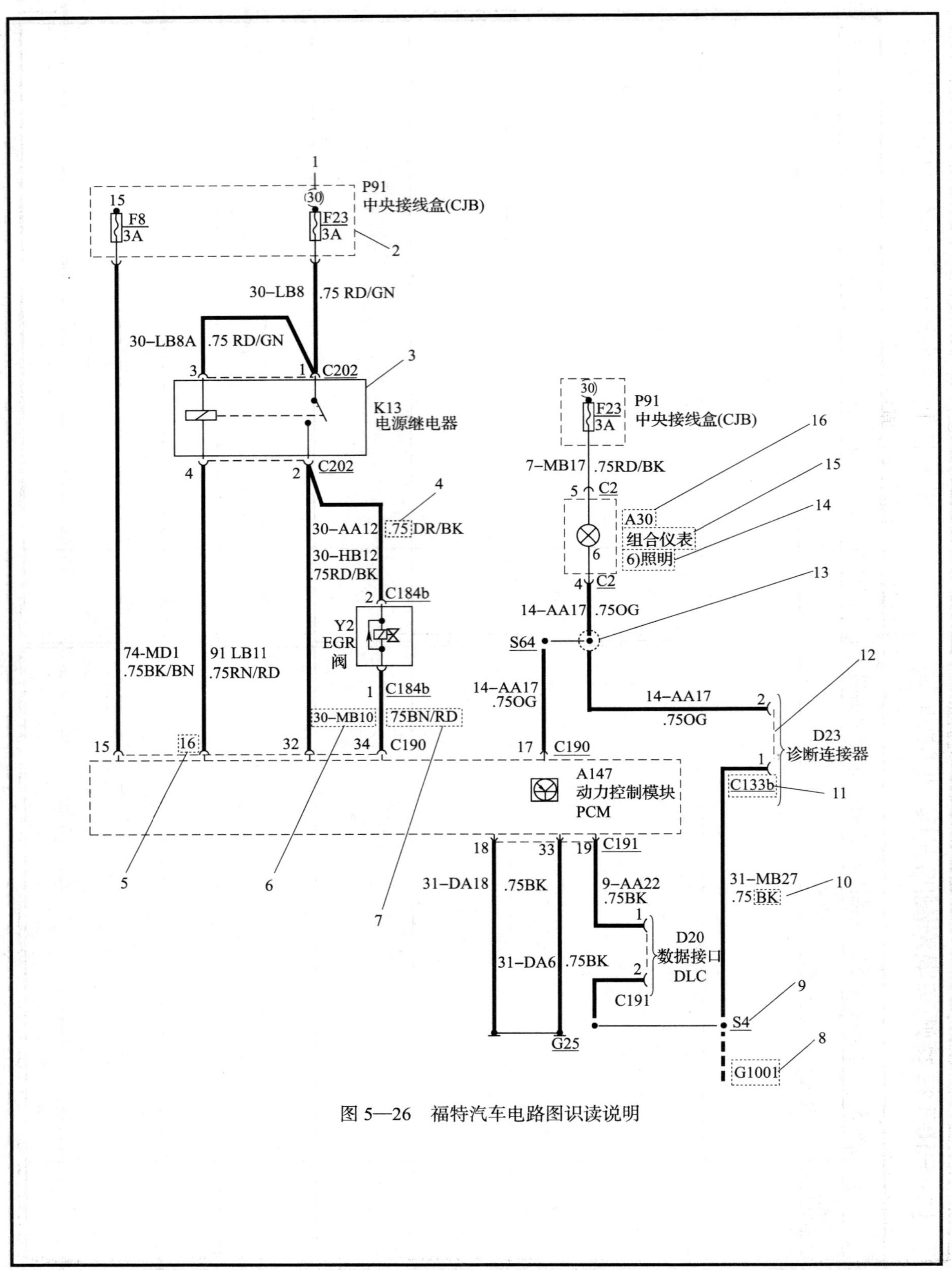

图 5—26 福特汽车电路图识读说明

2. 识读图 5—27 所示福特蒙迪欧汽车风扇电动机电路图，并回答下列问题。

（1）在图 5—27 中描画出福特蒙迪欧汽车风扇电动机继电器控制电路，并分析其工作原理。

（2）在图 5—27 中描画出福特蒙迪欧汽车风扇电动机供电电路，并分析其工作原理。

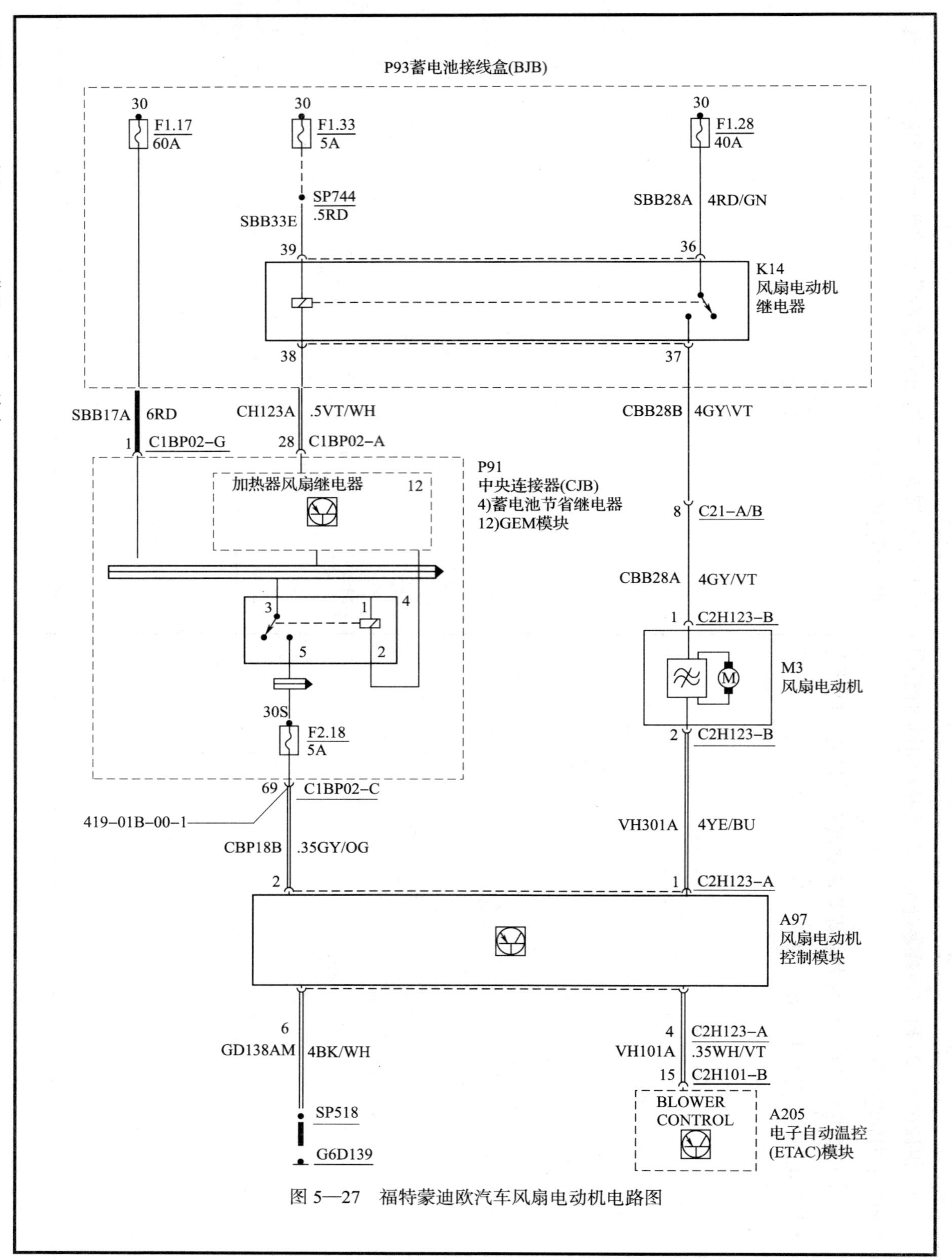

图 5—27　福特蒙迪欧汽车风扇电动机电路图

3. 识读图 5—28 所示福特蒙迪欧汽车空调压缩机离合器电路图，并回答下列问题。

（1）在图 5—28 中描画出空调压缩机离合器控制电路，并分析其工作原理。

（2）在图 5—28 中描画出空调压缩机离合器主电路，并分析其工作原理。

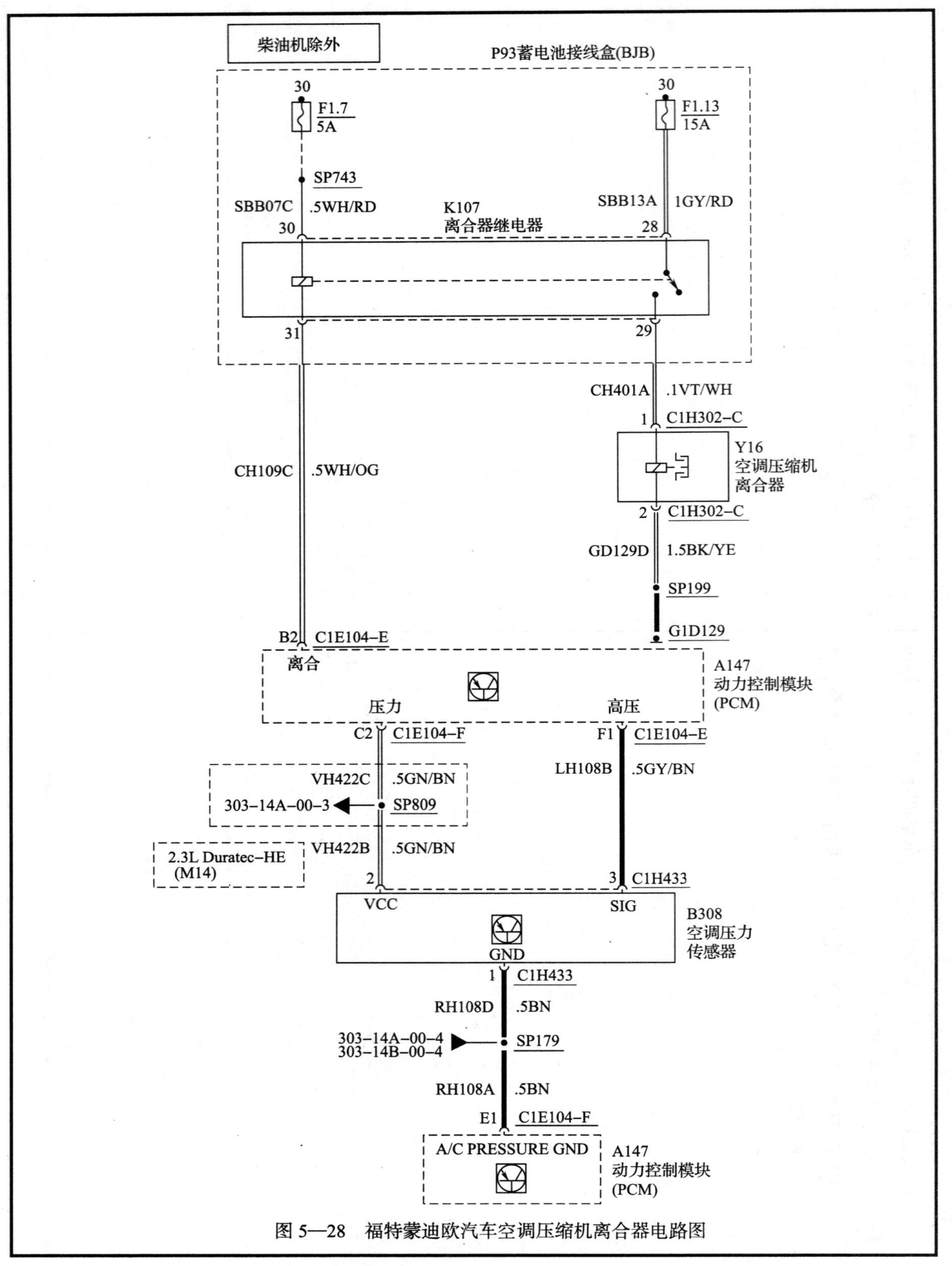

图 5—28 福特蒙迪欧汽车空调压缩机离合器电路图